Harumi Kageyama

La déco récup´

Matériaux naturels & recyclés

les éditions de saxe

Ce livre a été publié dans les cahiers de la NHK *Sumai Jibun-ryu* (avril 2009 à mars 2010).
Il s'agit d'une réédition améliorée de *Kageyama Harumi-san No Miitsuketa !*

Avant-propos  Récup´ et création, au quotidien !

De même que les critères du bonheur diffèrent d´une personne à l´autre, il existe de multiples façons d´envisager les objets usagés ou naturels. Entre eux et ce que l´on appelle les « déchets », la frontière est d´ailleurs parfois bien vague, et très mince.

N´y a-t-il pas, dans la nature ou à la maison, des milliers de choses dont on a du mal à se débarrasser ?

C´est ce que je ressens lorsque je recycle certains objets dans mes créations.

J´ai écrit cet ouvrage dans le but de montrer à tous que ce que l´on peut parfois considérer comme un déchet ou ce qui nous laisse d´ordinaire plutôt indifférents peut s´avérer être autant de choses fabuleuses.

Le plaisir de glaner ses petits trésors personnels, celui de créer quelque chose avec, et enfin, celui d´utiliser ses créations au quotidien !

Ce livre fourmille d´idées pour mettre en œuvre ces trois étapes de « plaisir » !

Entourez-vous dès maintenant de vos « créations esprit récup´ », peu coûteuses, écolos et originales.

À vous de jouer !

chapitre 1

Déco nature

La chasse au trésor

Quelques pas hors de chez soi suffisent généralement pour se retrouver en pleine chasse au trésor. Profitez d´une promenade pour récolter tout ce qui vous plaira. Cependant, pensez à prendre avec vous quelques ustensiles. Je m´équipe la plupart du temps de ces objets : plusieurs sacs de différentes tailles pour ranger mes trouvailles, des lingettes hygiéniques, une petite serviette, des gants de jardinage, un sécateur, du papier essuie-tout ainsi qu´un insecticide. J´adapte ce contenu selon ma destination et je file !

Il m´arrive de me rendre sur des terrains privés, je demande toujours les permissions nécessaires dans ce cas. N´oubliez pas de faire de même !

Branches

Cintres en branches

Les courbes de certaines branches et la texture naturelle de l´écorce font de ces cintres des objets tendance et très originaux.

Lorsqu'elles sont sur l'arbre les branches sont des « êtres vivants » mais, par terre, elles sont semblables aux bouts de bois que l'on trouve dans le commerce. Cependant, ces derniers sont loin d'avoir le charme des branches ramassées au bord des chemins. Au niveau de la structure de leurs embranchements ou de l'inégalité de leurs courbes, il s'agit de véritables œuvres d'art naturelles. La texture simple de l'écorce et les teintes variées du bois font qu'une seule branche suffit à adoucir l'atmosphère d'une pièce. Alors, comment ne pas utiliser ce matériau qui en plus est gratuit ? Pour commencer, profitons d'une promenade pour jeter un œil au pied des arbres. On s'aperçoit alors qu'il existe plein de branches différentes.

C'est à ce moment-là que l'on se rend compte de la diversité des formes et des couleurs, que l'on commence à repérer les branches qui nous plaisent, et que la récolte devient un vrai plaisir (dans mon cas, j'aime particulièrement les branches de camphrier. On en trouve dans les allées ou les parcs et une odeur agréable s'en dégage quand on les casse). Une fois le bon matériau trouvé, j'en rapporte à la maison et essaie d'en faire quelque chose… tel un cintre, par exemple, pour lequel j'utilise la branche dans sa forme naturelle. Il devient un objet pratique du quotidien et la branche fait ainsi partie de ma vie. J'utilise actuellement plus d'une dizaine de ces cintres chez moi.

Celui-ci convient pafaitement pour aérer les couvertures.

en forme de L et Y

des «crochets» utilisables à l'infini

plein de formes et d'idées…

Il suffit d'un trou, d'une vis d'arrêt et voilà des crochets !

Pourquoi tant de torsions ?

Le camphrier (au centre) est d'un ton brun mat. Le cerisier (à droite) est brun rouge et brillant. Sans son écorce, il ressemble à du bois flotté (à gauche).

Mais que s'est-il passé ? Voici une branche à l'allure bien tourmentée…

Et pourquoi ne pas faire de ce type de branches des objets décoratifs ?

Des bois de cerf !

Les branches, un cadeau des arbres

Sur une plage, à la montagne, ou dans les rues de mon quartier, il y a toujours quelque chose au sol qui attire mon attention et que je ne peux m'empêcher de ramasser. Bien qu'ayant largement atteint l'âge adulte, je ne parviens pas à me débarrasser de ce «syndrome» que je possède depuis ma tendre enfance. En réalité, depuis que je travaille à la création d'objets, je multiplie les approvisionnements en matériaux, et mon activité a pris une telle ampleur que ma petite maison croule sous une cargaison de ces «trophées» ! Les plus nombreux d'entre eux étant les branches.

Comment fabriquer son cintre en branche

Réalisable en moins d´une heure, suspendez-y quelques accessoires et il ajoutera une touche boisée à votre déco.

matériaux et fournitures

- 1 branche (1,5 à 1,8 cm de diamètre, 38 à 40 cm de long)
- 2 cintres en fil de fer
- Colle à bois
- Pince, foret ou poinçon (voir page 93)

Laver et sécher la branche, puis la couper à la longueur mentionnée ci-dessus. Si la coupe n´est pas franche, la polir avec du papier de verre (n° 240 environ).

1 laver la branche

préparation du bois

Les branches étant souvent sales, bien les frotter avec du détergent, en particulier les rainures et les plis. Personnellement, je les purifie carrément avec du sel.

2 passer le cintre au-dessus de la flamme

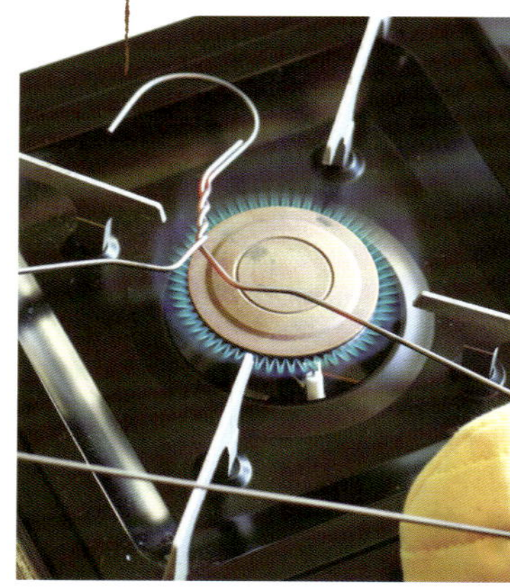

Avec un cutter, ôter la pellicule en plastique à la surface des cintres, puis les passer au-dessus d´une flamme (à feu moyen). Penser à utiliser une pince et des gants de cuisine.

Quelle différence !

Cette simple astuce donne aux cintres un look vieilli et rétro qui s´accroît avec le temps. À droite, un cintre neuf et, à gauche, un cintre passé au feu et après quelques mois d´utilisation.

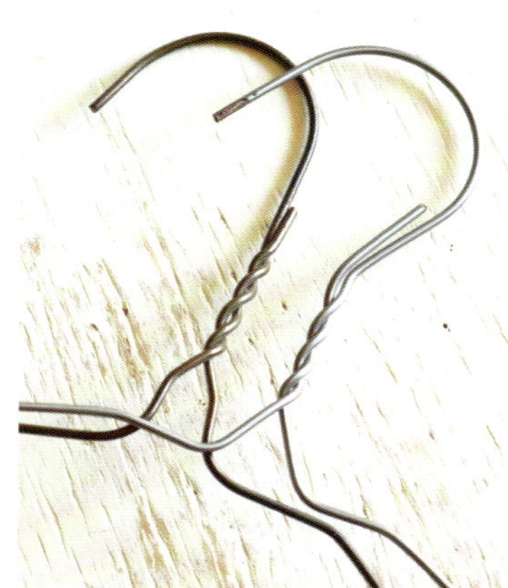

3 couper le cintre

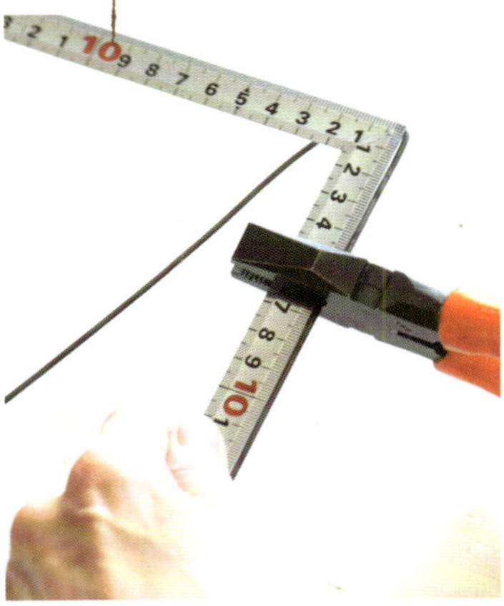

Avec la pince, couper le bas du cintre à 4 ou 5 cm des courbures. Diviser le fil coupé en 2 et plier chaque partie à 6 cm puis de nouveau à leur base pour les transformer en crochets. En fabriquer 4 ainsi.

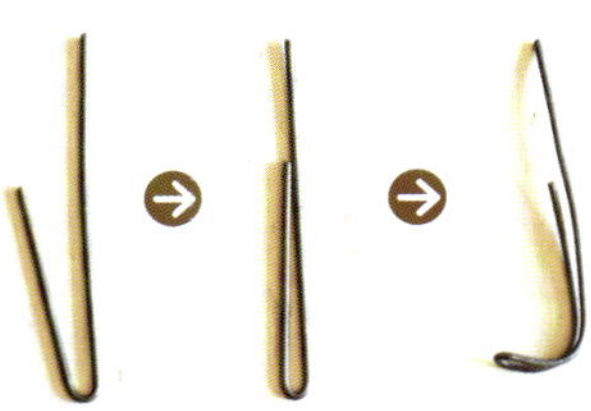

Pour faire un crochet.

4 percer la branche

Au centre de chaque extrémité de la branche, percer un trou de 3 ou 4 cm de profondeur avec une mèche de 2,5 mm, pour y insérer le cintre. Préférer un foret à main, facile à tenir, pour une meilleure précision.

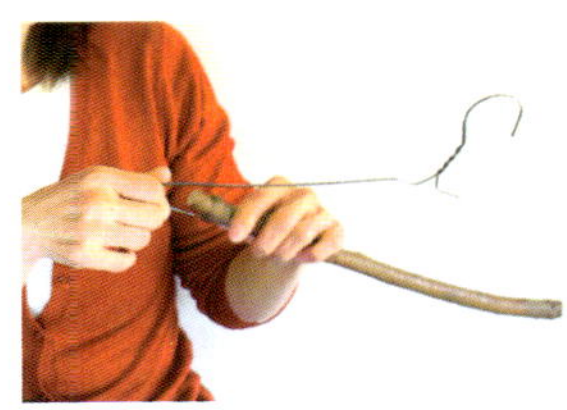

Vérifier la largeur du trou, en y insérant de temps en temps le cintre, puis terminer le perçage. Pour un cintre sans crochet, la création est terminée.

une fois les crochets posés...

5

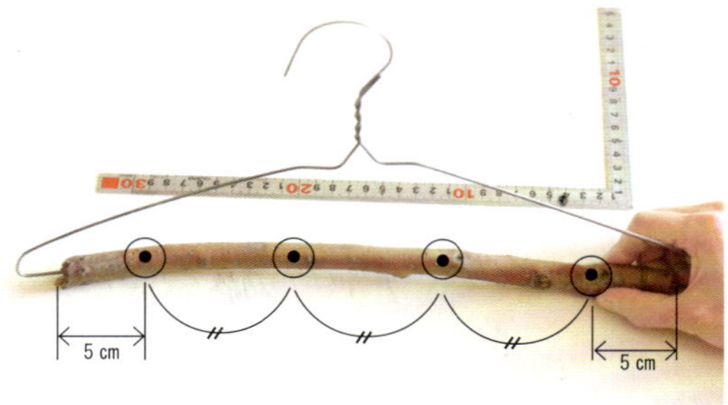

Prévoir 4 trous pour les crochets. Pour en déterminer la position, vérifier le sens de la branche une fois insérée dans le cintre.

Après avoir marqué les emplacements des trous avec le poinçon, percer la branche à l'aide d'une mèche de 4 mm. Il vaut mieux travailler sur la branche insérée dans le cintre pour conserver la bonne direction et percer bien droit.

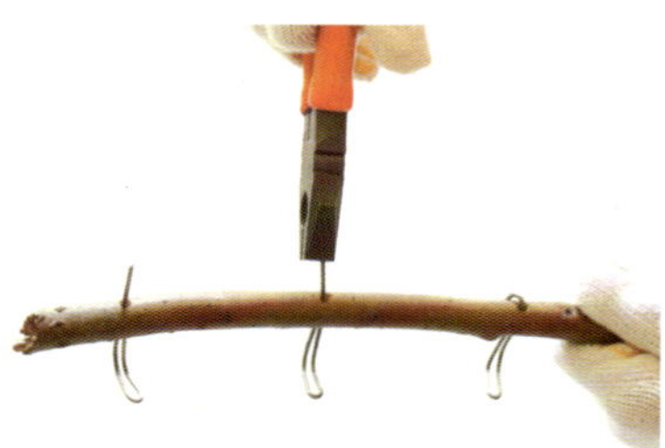

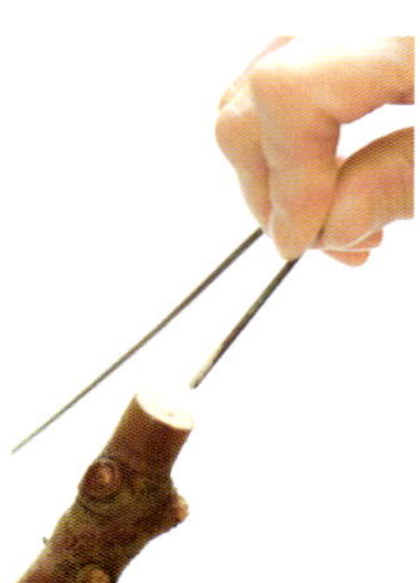

C'est presque terminé. Insérer les crochets et en rabattre la pointe. Le cintre peut tenir de cette façon, mais il est possible d'ajouter de la colle à bois, comme sur la photo, pour le renforcer et éviter que le fil glisse.

Et voilà !

autre exemple de création

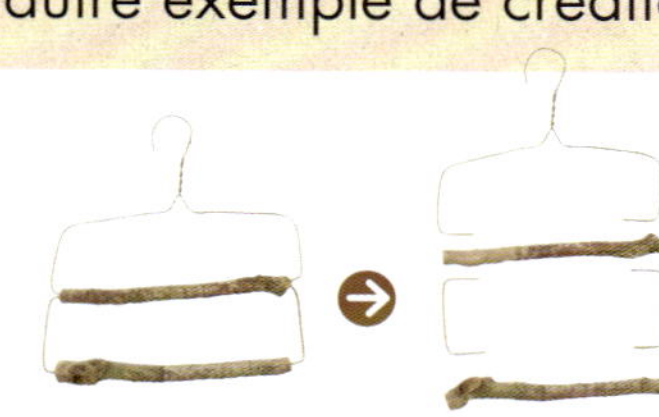

En pliant le cintre en forme de rectangle et en fabriquant 2 « U » avec la partie découpée, on peut réaliser ce cintre à 2 étages.

Verre de mer

Compositions fraîches en verre de mer

En déco, dans des verres ou collés sur vos objets préférés, ils suffiront à donner un air estival à votre intérieur.

Comment trouver des « verres de mer », pierres précieuses des plages…

Bouteilles en verre jetées à la mer par un inconnu sur une côte lointaine ou à l'autre bout du monde, brisées au hasard du temps, lavées par les vagues, façonnées par le sable et les cailloux. Leurs angles finissent par s'adoucir et ces fragments se transforment alors en pièces de verre poli, puis viennent s'échouer sur les plages. Voilà l'histoire des verres de mer.

Dit de façon plus terre à terre, ces fragments de verre constituent des déchets. Tout bas – et de façon ironique – je me dis : « Ils n'ont pas honte, ces gens qui jettent des bouteilles à la mer ! », mais je trouve ces débris-là magnifiques. Abreuvés de la lumière du soleil, ils brillent sur les plages de sable fin, telles des pierres précieuses. C'est peut-être pour cette raison que, lorsque j'en trouve, j'ai l'impression d'avoir fait une affaire et cela me donne envie d'en chercher encore plus. L'autre bon côté de cette récolte, c'est qu'elle contribue au nettoyage des plages. Cependant, on ne trouve pas de verres de mer sur toutes les plages. On aurait tendance à penser qu'il y en a plus sur celles de sable fin, mais ce n'est pas le cas. On les trouve plutôt sur les plages à coquillages et sur celles de galets, les bords de mer avec algues et rochers restant l'endroit idéal. Mais, sur une même plage, on en trouve plus ou moins selon les endroits, alors ne vous désespérez pas et regardez aux alentours selon les critères donnés précédemment. Pour finir, il faut toujours chercher à marée descendante.

Blanc, bleu, vert, marron…
Il y a autant de couleurs de verre qu'il y a de bouteilles. L'indigo et le rouge sont des couleurs rares et précieuses.

Une fois chez vous, ôtez le sable et lavez les verres avec du liquide vaisselle, puis faites-les sécher. On peut bien sûr se contenter d'en faire de magnifiques décorations, en les plaçant sur des assiettes par exemple, mais on peut aussi en coller sur des couverts ou des meubles, et les transformer en objets exclusifs pour l'été. Quoi qu'il en soit, il s'agit de l'élément parfait pour faire souffler une brise estivale dans votre intérieur.

les coins à explorer

près des galets

Sur les plages, on en trouve facilement près des amas de galets. Commençons donc par là !

en moins de 5 minutes...

sous les digues

Les digues stoppent les vagues mais aussi toutes sortes d'épaves dont les verres de mer. . Ils ne sont pas toujours visibles mais, en creusant un peu, on en trouve parfois.

près des algues

Les verres de mer se trouvent plus souvent sur la côte que dans l'eau. N'hésitez pas à chercher près des algues, rejetées de la même manière par les vagues.

une sélection de trésors de mer choisis scrupuleusement

céramique

Les éclats de poterie, parfois historiques, attirent les passionnés.

billes

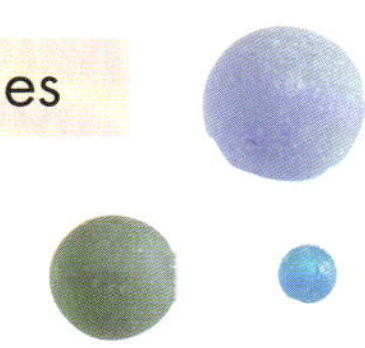

Rares, je n'en trouve qu'une fois sur cinq environ.

reliquats

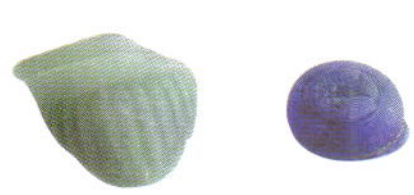

Voici ce qu'il reste des objets d'origine : à gauche, est-ce le reste d'une bouteille de parfum ; et à droite, le goulot d'une bouteille ?

culots

Ces fonds de bouteilles, plats et épais. conservent souvent leur forme ronde.

écritures

À quel mot peut bien appartenir cette lettre ?

Cadres vitraux

Après vous être amusé à chercher des verres de mer,
il est temps de décorer votre maison
et d´apprécier cette ambiance balnéaire !
Voici des idées simples et artistiques, entre cadres et couverts.
N´hésitez pas à vous en inspirer !

Verres de mer à « déguster »

Cadre présentoir

Il suffit de coller les verres sur un tissu de lin et de fixer celui-ci à l'intérieur du cadre. En plaçant côte à côte des fragments aux formes et couleurs variées, on obtient une jolie composition.

On peut s'amuser à disposer dans un plat des fragments de verre accompagnés de 2 ou 3 coquillages. On peut aussi répandre un peu de sable dans une assiette où l'on posera une cuillère dans laquelle on aura placé un bout de verre. Voilà une de mes compositions préférées, facile à modifier au gré de ses envies. Pour la couleur des plats, préférez du blanc ou une couleur transparente. Et n'oubliez pas de placer vos compositions hors de portée des plus petits.

Des couverts pour l'été

Fixez des morceaux de verre de mer sur vos cuillères et fourchettes. Avec un pistolet à colle, vous pourrez facilement coller et décoller ces verres et ainsi profiter de cette décoration fraîche pour une journée seulement, ou bien durant toute la saison estivale !

ASTUCE

Utilisez un pistolet à colle !

Pour coller le verre de mer, il est pratique d'utiliser un pistolet à colle qui chauffe et fait fondre les bâtonnets de résine. Outre son pouvoir adhésif immédiat, il permet également de décoller facilement les éléments. On peut donc enlever complètement la résine de la surface de l'objet collé, et recoller plusieurs fois un même élément sans risquer de le salir.

Coquillages

Rideau de coquillages

La douce mélodie et les mouvements de ces coquillages bercés par le vent sont charmants et apaisants.

Lors d´une balade au bord de la mer, par un matin d´été ou un après-midi d´hiver, arrêtez-vous pour ramasser quelques coquillages...

J´aime me promener le long des plages, profitant du vent et de la lumière changeante selon les saisons, entourée du bruit des vagues qui montent et qui redescendent. Les coquillages sont présents sur à peu près toutes les plages, il est donc très facile d'en trouver. Mais, même sur les plages que je connais bien je ne trouve jamais, d´un jour à l´autre, les mêmes coquillages ; sur un même bord de mer, les espèces changent parfois selon les endroits. C'est aussi ce côté fluctuant qui me plaît. Je cherche ensuite des informations sur Internet au sujet des coquillages que j'ai ramassés, afin de trouver leurs nom, origine, habitudes, découvrant ainsi plein de choses intéressantes. Pour une collection, les coquillages sont plus jolis intacts, mais pour la création, les coquillages troués sont plus pratiques, pour y passer un fil par exemple. Ces derniers sont d'ailleurs souvent les plus nombreux, alors ne les oubliez pas !
Avant de les utiliser, rincez-les avec du détergent puis séchez-les bien. Si certains sont sales ou dégagent une odeur forte, désinfectez-les avec de la poudre à blanchir à base de chlore.

Quels coquillages avez-vous ramassés ? Amusez-vous à effectuer quelques petites recherches.

escargot de mer

Il produit un liquide qui lui permet de trouer d'autres coquillages pour les manger !

pétoncle

On l'utilise parfois au Japon à la manière d'une louche.

lambis lambis

Telle une araignée, on le suspend, pour protéger du mal, dans certaines îles du Japon.

vermet

Nommé ainsi pour sa ressemblance avec le ver, il passe toute sa vie sur le même rocher.

dollar des sables

Ce coquillage qui s'apparente à une pièce de monnaie fait en réalité partie de la famille des oursins.

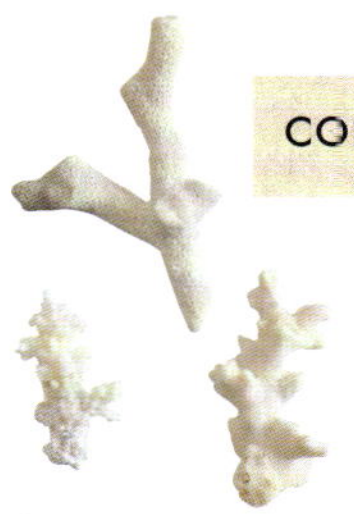

corail

Coraux ramassés à Okinawa. Les branches varient selon les espèces.

oursin

Les coquilles d'oursins ont une jolie forme ronde. Attention cependant, car elles sont fragiles.

balane

En fait de coquillage, il s'agirait d'un crustacé de la famille des crabes et des crevettes. Je les adore !

porcelaine

Autrefois utilisée comme monnaie, ou porte-bonheur pour les naissances.

mitra mitra

Un coquillage que que j'ai rapporté d'Okinawa.

coque

Ces coquillages sont délicieux...

matériaux et fournitures

- Coquillages troués (conques, bivalves) et, si possible, corail et balane.
  *Pour la quantité de coquillages, j´en utilise environ 13 à 14 par rangée (75 cm de long), pour 13 rangées au total.
- Fil de fer fin (ici, fil ivoire pour accessoires, diam. 0,35 mm)
- Bois flotté ou branche
- Pistolet à colle, ruban adhésif

Utiliser des coquillages troués ou cassés, que l'on trouve facilement, permet d´économiser le perçage. J´en ai donc rassemblés de toutes sortes pour réaliser ce rideau. La quantité nécessaire de coquillages dépendra de la taille de la fenêtre.

disposer les coquillages pour trouver le bon équilibre

1

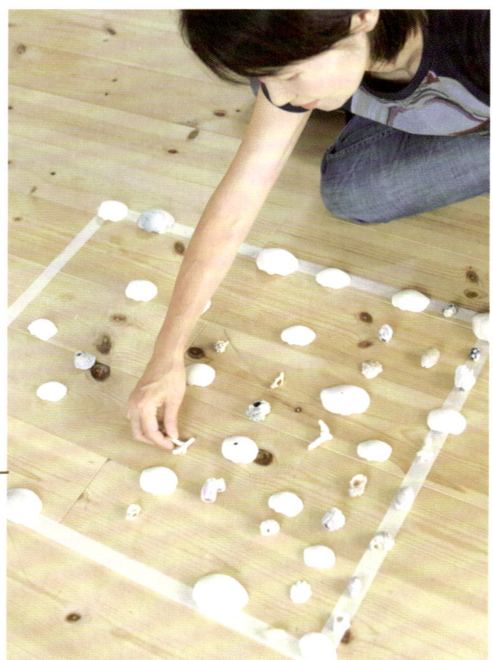

Pour avoir une meilleure idée du résultat, positionner du ruban adhésif par terre ou sur une table, de la taille de la fenêtre. Répartir les coquillages et choisir le nombre de rangées. Pour faciliter la tâche, inscrire l´ordre des rangées sur des Post-it.

fixer les fils avec du ruban adhésif

2

Passer les fils dans les coquillages une fois qu´ils sont posés. La longueur de chaque fil doit être 1,5 à 2 fois supérieure à la longueur finale désirée. Laisser dépasser les fils de 12 cm en haut de chaque rangée, et les fixer à l´aide d´un ruban adhésif.

comment passer les fils

3

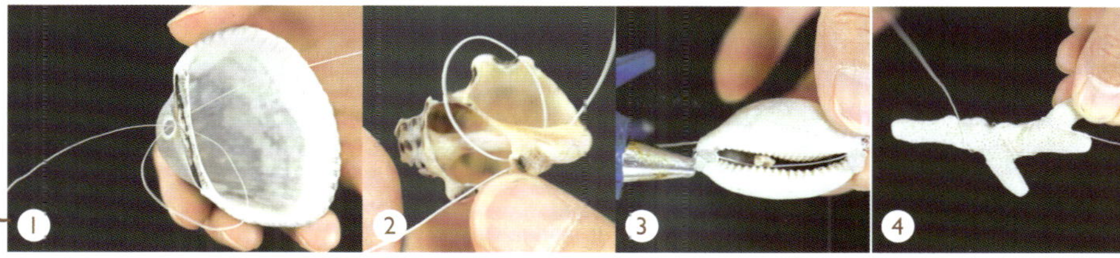

Pour enfiler le fil, on peut le passer 2 fois à travers le trou du coquillage puis tirer (1 & 2). On peut aussi le fixer dans une fente avec le pistolet à colle (3) ou bien, selon le coquillage, enrouler le fil plusieurs fois autour et le fixer avec de la colle.

une rangée de finie !

Une fois le fil passé, enlever les rubans adhésifs.
Ne pas oublier alors de coller les Post-it préparés auparavant.

ASTUCE

en cas de trou à percer

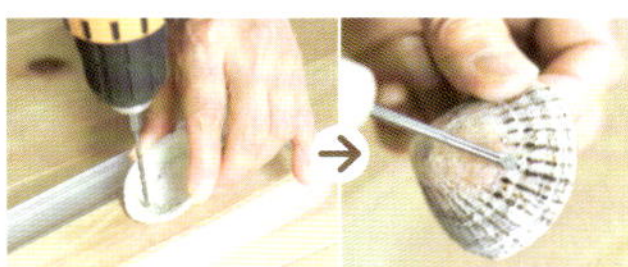

Il est recommandé de percer avec une mèche aimantée ou pour carrelage (diam. 3,5 mm environ, avec le foret à main, voir p.93). Mouiller la surface de travail ainsi que la partie à trouer permettra de caler le coquillage et d'éviter la dispersion de poussière. Quand le trou est presque ouvert, procéder avec un poinçon pour éviter les fissures.

fixer en 2 étapes pour plus de robustesse

4

Une fois les rangées terminées, les positionner sur le bois flotté. Enrouler les fils qui dépassent, tordre les pointes et les arrêter. Lorsque tout est en place, ajuster les intervalles puis fixer les pointes des fils avec le pistolet.

Et voilà !

Comme vous le voyez, le fait de rassembler des variétés différentes donne un joli mouvement et un bel aspect à l'ensemble. On peut aussi réaliser un mobile composé de 1 ou 2 rangées.

bougies coquillages

À réaliser avec des coquillages non percés.

Voici mes conseils pour réaliser des bougies dans des coquillages non percés. Théoriquement, la fabrication de bougies est un peu laborieuse mais elle devient beaucoup plus simple lorsque l´on utilise un bol en inox en guise de casserole et que l´on fait chauffer au bain-marie les râpures de bougie dans une brique de lait. Pour la mèche, coupez-en un petit bout sur une bougie achetée dans le commerce, et le tour est joué. Je réalise mes bougies dans des coques et dans mes coquillages préférés, les balanes, que j´ai aussi utilisés pour le rideau. Allumées, elles sont encore plus belles !

Et voilà !

Bois flotté

Portemanteau

S´il paraît imposant, ce portemanteau n´en est pas moins réalisable en seulement 3 étapes. Faute de grand bout de bois flotté, je vous propose aussi d'autres idées.

Le bois flotté ne se trouve pas uniquement au bord de la mer ou des rivières !

Le bois flotté rassemble toutes les formes de bois : des énormes racines aux pièces dignes d'objets d'art dont on n'imagine plus la forme d'origine, en passant par des semblants de restes architecturaux et des bouts fins comme des crayons. Si leur forme les rend attrayants, les teintes vieillies, grisées ou beiges qui se cachent sous leur écorce sont tout simplement magnifiques. Bien qu'ils proviennent d'un arbre, ces bouts de bois dégagent quelque chose de mystérieux que l'on ne trouve pas dans l'arbre vivant. On peut donc en faire une simple décoration ou bien l'utiliser comme élément dans une composition séduisante. C'est peut-être la raison pour laquelle le bois flotté ne perd pas sa popularité au fil du temps. On le trouve généralement au bord de la mer ou vers les cours d'eau, mais également dans un autre endroit…

Endroit dans lequel je me trouve ici, en équilibre sur un gros rondin de bois, entourée d'une mer de bois flottés ! C'est un barrage.

Les barrages retiennent de nombreux arbres emportés lors des fortes pluies ou des tempêtes. Et pour éviter de bloquer le passage de l'eau, il faut enlever le bois… d'où cet amoncellement. Au Japon, de nombreux barrages participent activement à la récupération de ce bois flotté et le distribuent gratuitement aux intéressés. Quelle chance ! Si cela vous intéresse, renseignez-vous auprès des barrages proches de chez vous.

Cette photo montre le barrage de Fukashiro dans la préfecture de Yamanashi, au Japon, où l'on peut obtenir le bois flotté gratuitement.

collection de drôles de bouts de bois

cactus

tête de baleine

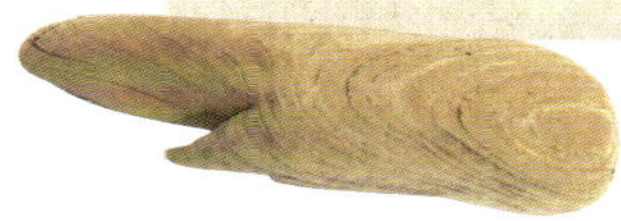

dauphin

poignée

euh... le cou d'un loup ?

comment fabriquer son portemanteau

matériaux et fournitures

- Bois flotté à branches (env. 20 cm de long)
- Pot de fleurs (diam. 20 cm, hauteur 18 cm)
- Terre-papier, 2 sacs (environ 2 kg)
- Acrylique pour tôle peinte (voir p. 94) et pinceau
- Mousse et galets pour recouvrir la terre
- Papier antidérapant
- Pinces en bois (les placer sur le bois pour éviter que les accessoires glissent, les peindre d'abord à l'acrylique.)
- Ruban adhésif, film alimentaire, ruban adhésif en tissu, papier sulfurisé

J'ai trouvé un gros bout de bois muni de plusieurs branches et l'ai transformé en portemanteau, en le plantant dans un pot de fleurs. Dans l'entrée ou au salon, il sera un objet décoratif et en même temps pratique et utile, auquel vous pourrez par exemple suspendre des accessoires du quotidien. Si vous ne trouvez pas de gros bout de bois, placez-en plusieurs plus petits sur un meuble.

préparation du bois

À laver au détergent.
Mais attention, il faut frotter doucement car la surface s'abîme facilement. Le bois de rivière peut alors être mis de côté pour sécher, mais le bois de mer doit être trempé dans un récipient d'eau pendant 5 jours, en changeant l'eau chaque jour pour ôter le sel.

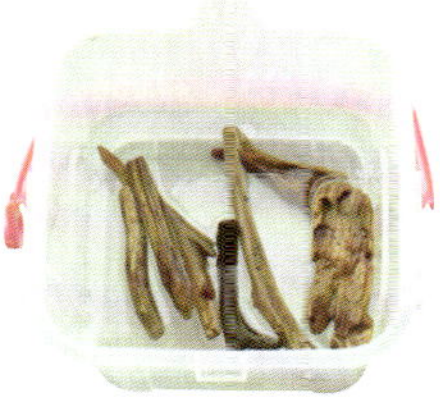

peindre le pot

1

Avant de peindre le pot, utiliser du ruban adhésif pour créer des motifs simples. Je me suis contentée ici de faire des croix en superposant deux bouts de ruban ! Peindre toute la surface à l´acrylique (une couche suffit, hormis sur les parties où la peinture est trop fine). Une fois la peinture sèche, ôter le ruban.

fixer le bois

2

Boucher le trou du pot avec du ruban adhésif en tissu, placer le bois et l´entourer avec de la terre-papier. Remplir environ à mi-pot. Quand le bois tient bien, laisser sécher la terre.

ASTUCE

avec un peu de matériel de cuisine

Enrouler la base du bois de film transparent évite que la terre le salisse. Placé dans le pot avant d´y mettre la terre, le papier sulfurisé permet de retirer la terre facilement, même une fois sèche. Le pot est ainsi réutilisable si l´on change d´avis !

recouvrir la terre

3

Une fois la terre bien sèche, la recouvrir de feuilles, mousse, galets... Et le tour est joué !

ASTUCE double sécurité

Placer, sous le pot, un coussin antidérapant pour éviter d'abîmer le sol et que le pot glisse !

Comment fabriquer son propre désodorisant et diffuseur de parfum

fabrication et utilisation

Ajoutez votre huile essentielle préférée à du bicarbonate de soude (en petite quantité), mélangez bien puis versez ce mélande dans un récipient. Selon l'huile utilisée, vous pourrez avoir, par exemple, un effet insectifuge. Quand l'effet faiblit (au bout d'un mois), ne jetez pas le mélange mais utilisez-le pour le ménage. Si vous n'avez pas d'huile essentielle, vous pouvez utiliser un pot-pourri.

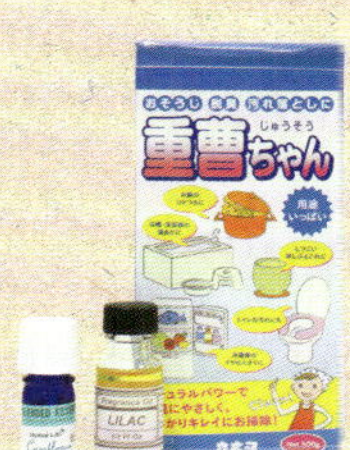

Le petit récipient se fait discret dans le grand pot et diffuse son parfum délicat. Simple à réaliser, cela ne vous prendra que quelques minutes, alors n'hésitez pas !

stylos en bois flotté

Encore un modèle à réaliser avec un petit bout de bois. Écologique, il peut s´utiliser à l´infini !

matériaux et fournitures

- Bois flotté (diam. 1 cm min., longueur libre)
- Recharge pour stylo-bille en métal
- Foret à main
- 2 mèches (diam. 2,5, 7 cm et 13 cm de long env.)
- Ruban adhésif

1

Percer un trou au centre du bout de bois en utilisant la mèche de 7 cm, jusqu´à ce qu´elle s´enfonce complètement.
En utilisant la longue mèche dès le début, on risque de faire un trou tordu.

2

Avec la mèche de 13 cm, continuer à percer, pour obtenir un trou de la longueur de la recharge, en tournant le bois sur lui-même. Un bout de ruban posé sur la mèche à une hauteur légèrement moindre que la recharge facilitera la tâche.

3

Il ne reste qu´à insérer la recharge. Une fois usée, la retirer avec une pince pour la remplacer par une nouvelle.

Et voilà !

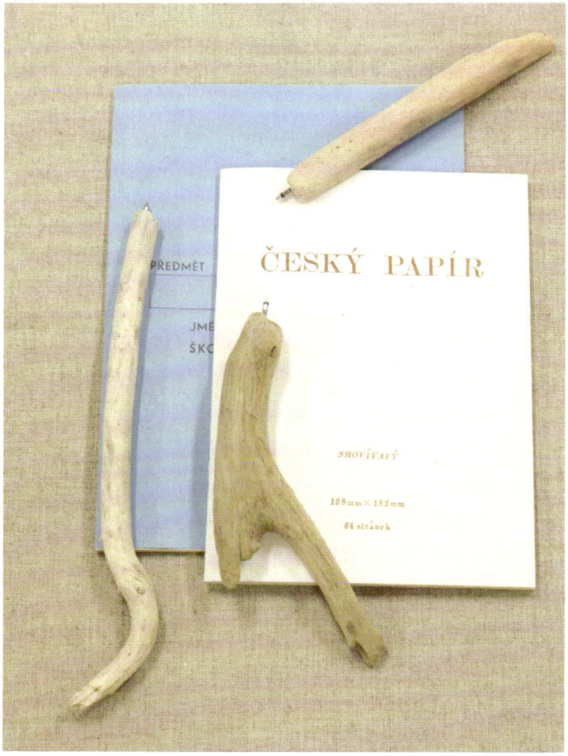

Galets

Porte-baguettes tout ronds

Ces quelques petits galets ronds et plats se transforment ici en porte-baguettes. Ils pourront aussi être alignés pour une déco toute simple…

Les galets, enfants du magma

Les galets sont assez répandus pour que nous ne leur prêtions aucune attention particulière. Moi la première, je ne me préoccupe pas plus que cela des cailloux qui bordent la route. Mais ceux qui se trouvent dans la nature, la mer, les rivières ont comme une aura magique… Il n'est pas rare que, lors d'une promenade entre amis, ils retiennent toute mon attention. Tous différents les uns des autres, ils me fascinent, telles des œuvres d'art, et je ne m'en lasse pas.

Bien que les processus et lieux de formation des galets soient multiples, toutes les roches, à l'origine, sont issues de magmas brûlant au plus profond de la terre ! Les plus jeunes de ces cailloux ont des milliers d'années. Quant aux plus anciens, ils ont mis des millions d'années avant de devenir les galets qui se trouvent à mes pieds. Quand j'ai réalisé que, parmi tous ces cailloux que je regardais avec indifférence, certains avaient une histoire si dense, ils sont tout à coup devenus attrayants et ont de plus en plus captivé mon attention.

Mais pas question de les ramasser comme ça, sans prévenir : quand je tombe sur un caillou qui me plaît, je lui demande en secret s'il veut venir chez moi. Si, à ce moment-là, je ressens des ondes de douceur, c'est que j'ai fait le bon choix. Mais lorsque je sens que quelque chose cloche, je repose le galet à sa place. Une fois chez moi, je place mes galets au soleil, et quand j'en utilise dans une création, je n'y ajoute que peu d'éléments. Car, en laissant la pierre dans sa forme originelle, je ne la vois pas comme un simple matériau mais comme une présence apaisante.

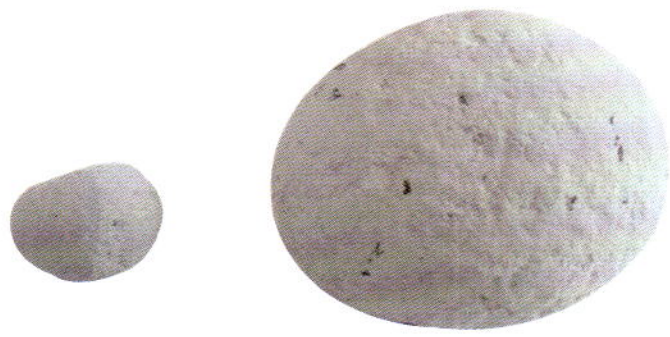

tout rond

Ce galet tout rond, d´environ 9 cm de diamètre, est une espèce rare. Je l'ai trouvé au bord d'une rivière.

à trou et en cœur

Ce galet en forme de cœur et à la teinte rosée a fière allure dans ma collection. Les pierres trouées me laissent songeuse également…

Comment fabriquer des porte-baguettes tout ronds

Ces pierres rondes sont très jolies telles quelles, mais on peut aussi les décorer d'une simple lettre en bois, achetée dans le commerce. Ce petit détail permet aux baguettes de tenir et augmente l'aspect décoratif des galets !

J´ai utilisé de la colle en résine d´époxy.

Cette colle est résistante à l´eau et on peut l´utiliser pour combler les espaces. Je fais un mélange des colles A et B, que j'applique sur le galet et sur la lettre, et je les colle. Attention à faire vite, car une fois mélangée, la colle commence à durcir !

Porte-photos & cadres

Avec des pierres plates, on peut réaliser ce genre de création, ou bien les disposer telles quelles, en simple déco !

Avec trois galets plats et fins, réalisez ce joli porte-photos. La technique peut sembler compliquée mais, en réalité, je n'ai fait que coller les pierres à l'aide d'un ruban adhésif double-face. Au rendu artistique, cet objet fera une déco originale. Ajouter un peu de feutre adhésif à leur base permettra d'éviter les rayures sur les meubles et renforcera l'ensemble.

*matériel hormis les galets : Ruban adhésif double-face pour surfaces irrégulières, antidérapant, feutre adhésif pour éviter les rayures.

1

Réunir deux galets à l'aide d'un ruban adhésif double-face, collé à leur base, puis un 3e, à l'arrière, qui servira de soutien.

2

Enlever le film protecteur du feutre adhésif, le coller à l'ensemble **1**. Découper le feutre qui dépasse avec des ciseaux. C'est fini !

Butoir de porte

Pratique pour bloquer les portes,
et idéal pour accueillir les invités !

Il est bien sûr possible d'utiliser un gros caillou tel quel en guise de butoir de porte, mais c'est un peu banal. J'ai donc entouré un caillou d'une fine corde de lin. Cela suffit à le rendre plus original et facile à transporter ! Destiné à la porte d'entrée, vous pourrez y joindre un petit message de bienvenue. Dans ce cas, faites attention à utiliser un matériau imperméable à la pluie.

*matériel (hormis le caillou) :
corde de lin (diam. 6 mm),
pochette plastique, autocollants

Utilisez un morceau découpé dans une pochette plastique bon marché pour réaliser la pancarte. Pour les lettres, je recommande des autocollants résistants et imperméables (scotchcal ; voir p. 94).

Presse-papier

Saviez-vous qu'il était possible de décorer une pierre d'un coup de tampon ?
Les autocollants, qui adhèrent très bien, sont une autre alternative. En s'amusant ainsi, l'on obtient un objet digne d'être vendu dans le commerce. L'encre à papier convient parfaitement et s'efface en cas de fausse manip !

Décorez-le d'un coup de tampon ou d'un autocollant, selon votre imagination.

*matériel hormis les galets : tampons, encre, autocollants, etc.

Petite technique pour faire briller vos galets

Même les pierres se transforment en « princesses », grâce à un petit « truc », tel un grain fin et lisse. Pour les pierres noires (1), il suffit d'une couche de vernis à eau (voir p. 94) qui lui donnera une texture mouillée (2). En utilisant de l'huile de cuisine, on obtient une texture matte (3). En la lissant avec du papier résistant à l'eau (dans l'ordre 400 ->1000 ->1500), on obtient un toucher doux.

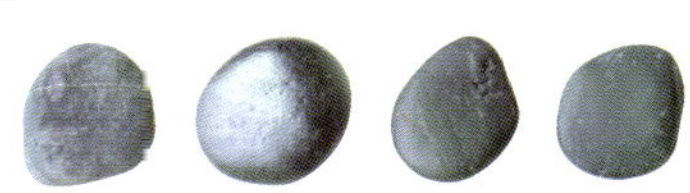

① ② ③ ④

Punaises

Utiles et décoratives

Coller une punaise au dos d´un galet... c´est simple et cela permet d´utiliser et de décorer le mur. Et pour les pierres dont le diamètre est inférieur à 3 cm, il suffira de fixer la punaise avec du ruban adhésif double-face.

*matériel, hormis les galets : punaises, ruban adhésif double-face utilisable sur surfaces irrégulières, colle à résine d´epoxy (voir p. 35).

Autres idées d´utilisation

Galets fins en guise de petites assiettes

On peut réaliser, selon la forme des pierres plates, des petites assiettes à apéritif ou à dessert, ou encore un repose-cuillère. À la fois simple et originale, votre table aura une allure très nature. Avant usage, les rincer à l´eau ou les recouvrir d´une feuille pour éviter les tâches.

Glacées l´été, chauffantes l´hiver

L´été, des pierres placées un moment au réfrigérateur ou au congélateur seront rafraîchissantes. Les pierres pointues peuvent servir à masser, et les plates, posées sur le front ou les yeux, sont relaxantes. L´hiver, il suffira de les faire bouillir pour obtenir des pierres chauffantes. Les rincer à l´eau puis à utiliser comme les pierres glacées.

Graminées

Dessous-de-plat divers en graminées

Appelées *susuki* dans la culture traditionnelle japonaise, ces graminées se transforment en un rien de temps en objets du quotidien.

Voici une plante « à tout faire », que les Japonais ont utilisée tantôt dans la fabrication de toitures, tantôt dans la confection de jouets, voire en tant qu'aliment.

J'habite en ville, mais l'on trouve dans mon quartier plusieurs endroits où poussent des graminées. Ce sont elles qui, chaque année, m'avertissent de l'arrivée de l'automne. Leur nom japonais, *susuki*, viendrait du mot *sukusuku* qui veut dire : « Grandir vite et sainement ». En Occident, ces graminées sont parfois appelées « herbes à éléphant ». Au Japon, on lui attribue en réalité 3 dénominations différentes – *susuki*, *obana* et *kaya* –, se référant à ses épis touffus et à son utilisation pour les toitures. De plus, le mot *susuki* est présent dans plus de 40 chansons traditionnelles japonaises.
Utilisées pour la teinture naturelle, dès l'époque d'Edo, on en faisait également des jouets, en façonnant les épis en forme de hibou, comme la fameuse poupée « Hibou déesse », symbole de la déesse de la maternité, à Tokyo. Pendant la première moitié du XXe siècle, l'on a encouragé les recherches afin de les utiliser dans l'alimentation. Elles sont d'ailleurs consommées de nos jours dans certaines régions, par exemple en beignets de tempura. Bien que je sois gourmande, je ne me suis pas aventurée à les manger, mais pour ce qui est de créer, il suffit de demander ! Ainsi, j'en ai fait des sets de table en tissage. Vue comme ça, la technique de tissage semble difficile mais la tâche ne demande en fait que peu de précision et est tout à fait abordable. Vous pouvez commencer par vous entraîner avec un tissage de petite taille. Avec le temps, leur couleur ternit, pour le plaisir des yeux. Pour la récolte, mieux vaut attendre l'automne-hiver afin que les épis soient ouverts.

Hibou déesse
en susuki

comment fabriquer des objets en graminées

La pièce de gauche a 2 ans, alors que celle de droite vient d´être achevée. Ce changement d´aspect au fil du temps fait la particularité des objets en graminées. J´en fabrique un par an et apprécie sa transformation au fil des années.

matériaux et fournitures

- Graminées (de 30 à 40 tiges pour un set de table). Voir les références ci-contre pour les quantités nécessaires.
- Pistolet à colle (voir p. 20)
- Ruban adhésif, ciseaux, maillet

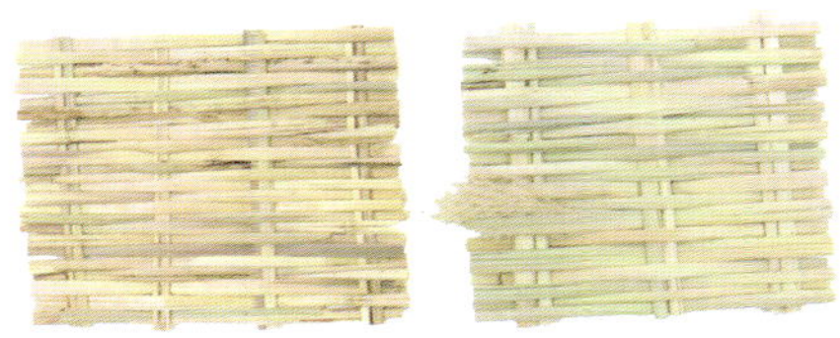

Tailles et quantités nécesscires selon l´cbjet fabriqué

- Dessous-de-plat p. 42 : 17 × 28 cm
  longueur : 27 tiges (env. 33 cm)
  largeur : 4 tiges normales et 4 tiges fines (8 en tout ; env. 21 cm de long)
- Set de table p. 39 : 30 × 40 cm
  longueur : 77 tiges (env. 35 cm)
  largeur : 6 tiges normales et 6 tiges fines (12 en tout ; env. 45 cm de long)
- Sous-verres p. 43 : 13 × 17 cm
  longueur : 21 tiges (env. 21 cm)
  largeur : 3 tiges normales et 3 tiges fines (6 en tout ; env. 17 cm de long)

préparer les graminées

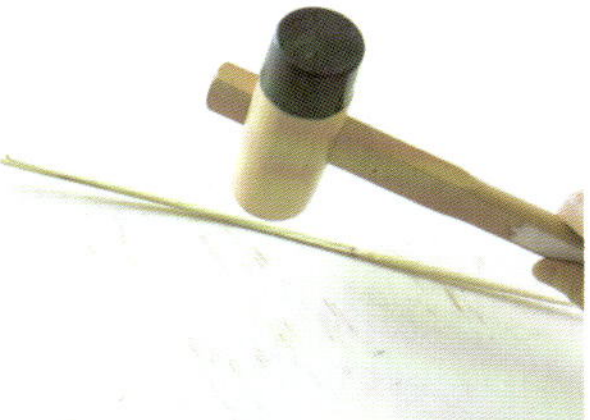

Couper l´épi et enlever la poussière (avec une lingette hygiénique si nécessaire), laisser sécher complètement. Une fois sèche, aplatir la tige avec un maillet puis la couper à la longueur souhaitée.

1 aligner les tiges verticales

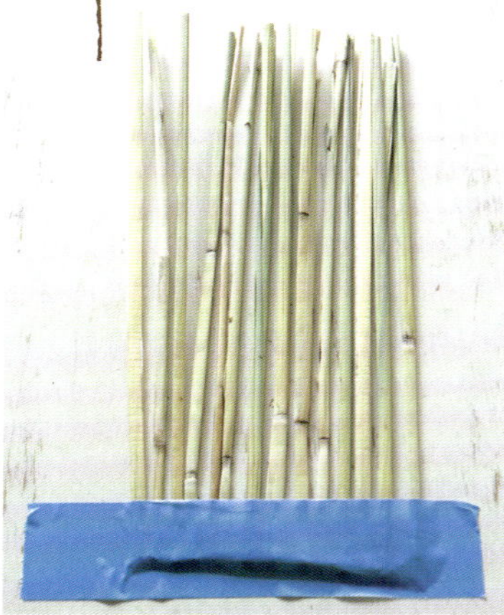

Placer la moitié des tiges en hauteur en laissant un espace de la largeur d'une tige entre chacune, puis fixer le bas des tiges sur 2 ou 3 centimètres avec du ruban adhésif.

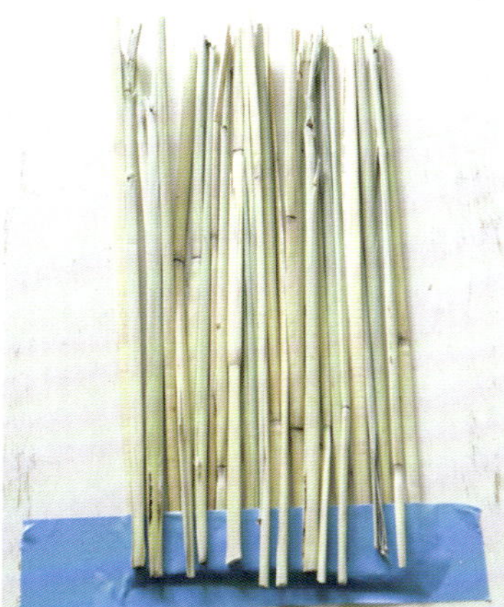

Ensuite, placer le reste des tiges dans les espaces laissés à cet effet, puis coller également celles-ci avec du ruban adhésif. Cette fixation en deux temps permet d'éviter que les tiges se décollent lors du tissage.

2 insérer les tiges horizontales

Insérer d'abord une tige d'épaisseur normale, tour à tour dessous puis dessus, ainsi sur toute la largeur. Puis procéder de même avec une tige fine. Voilà une rangée de faite.

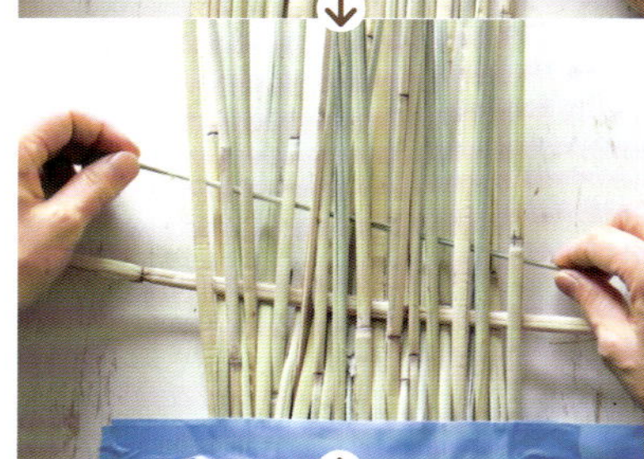

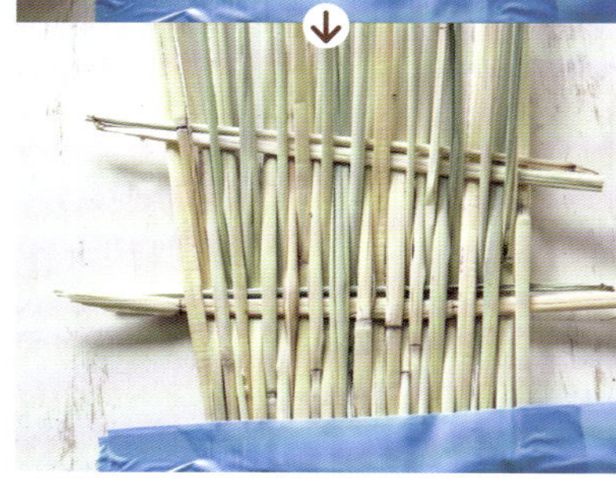

Pour la 2e rangée, procéder à l'inverse de la première, insérer les tiges d'abord dessus et ensuite dessous, ainsi sur toute la largeur.

ASTUCE

pour faciliter le tissage

Les graminées sont assez dures et ont tendance à se redresser. Dans ce cas, tenir les tiges verticales avec une main. Il est parfois difficile au début de pousser jusqu'au bout les tiges horizontales, mais elles s'assouplissent au fur et à mesure du tissage.

3 finitions

Le tissage est terminé !

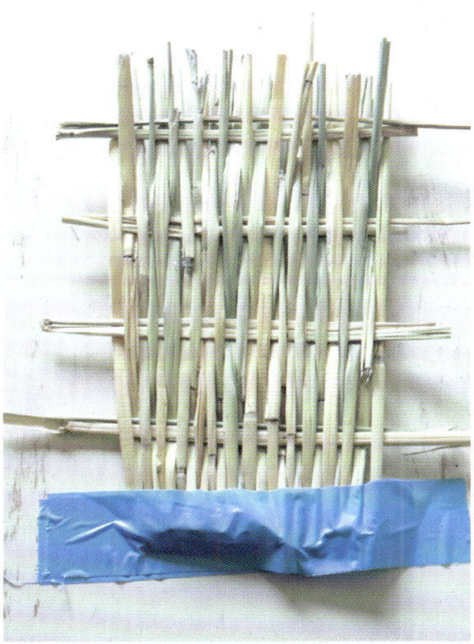

Espacer les rangées de tiges horizontales de 5 cm environ. Une fois le tissage terminé, retirer les rubans adhésifs. Ajuster la position des différentes tiges.

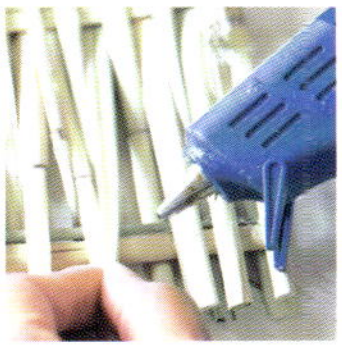

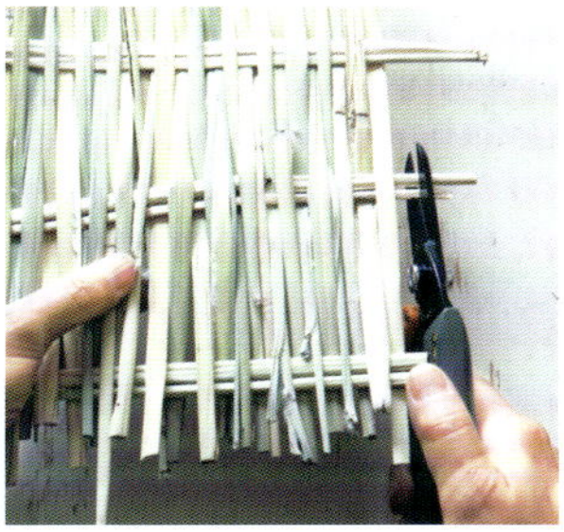

Fixer les intersections entre les tiges à l´aide du pistolet à colle puis couper les extrémités pour égaliser le tout.

Et voilà !

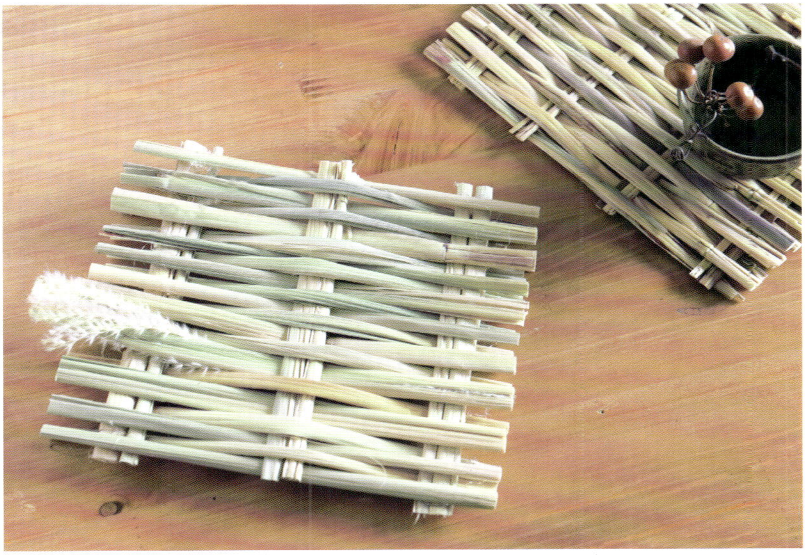

On peut utiliser le reste de tiges pour réaliser un sous-verre par exemple.

balai de table

Surtout, ne jetez pas les épis ! Faites-en un balai de table, par exemple, qui servira aux petites finitions du ménage ou qui pourra devenir un élément de déco.
Voyez vous-même le résultat.

matériaux et fournitures

- Épis de graminées sans les graines (12 grosses tiges env., de quoi entourer une branche d´arbre ou de bois flotté)
- Fil de fer fin (ici : fil à bijoux n° 31)
- Bois flotté ou branche, corde de lin, pomme de pin, pistolet à colle, ciseaux, foret à main

1

Rassembler les épis un par un (ou 2 par 2 pour les petits) en les entourant d´un fil de fer (a), puis couper la base en laissant dépasser 1 cm (b).

2

Coller les épis rassemblés en **1** autour du bout de bois.

3

Bien rabattre les bouts de fil de fer de l´étape **1** qui dépassent, puis entourer les tiges d´un fil supplémentaire.

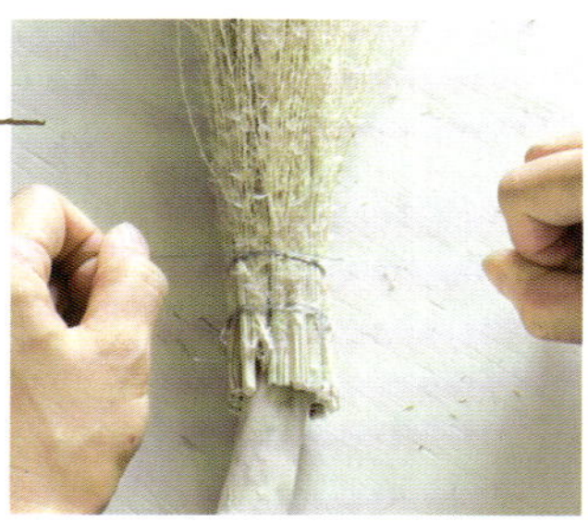

4

Pour plus de solidité et de style, enrouler une corde de lin et la fixer avec de la colle. Enfin, percer un trou dans le bois pour y insérer un crochet, ou une corde ou décorer l'objet d´une pomme de pin...

Et voilà !

À gauche, un balai neuf, à droite, après 1 an d´utilisation.

Pommes de pin

Couronne de pommes de pin

L'association de pommes de pin
à une guirlande de Noël est des plus jolies.

Tout ce qui fleurit produit des fruits, que l'on trouve même en ville !

Contrairement aux éléments tels le bois, les galets, les coquillages, etc., que l'on peut ramasser à n'importe quelle époque de l'année, certains fruits d'arbres connaissent des saisons. Alors, j'observe les changements de saison et lorsque c'est le moment propice, je me lance dans ma cueillette, que je commence généralement mi-septembre. J'aime tellement ça que je pourrais y passer des journées entières ! Ce qui me plaît, ce sont non seulement les fruits en eux-mêmes mais aussi l'excitation procurée par la cueillette, qui représente pour moi une vraie chasse au trésor. Ce jour-là, sur la photo, j'ai rapporté plus de 3 caisses remplies à craquer de toutes mes trouvailles. Aussi, ces derniers temps, j'ai tendance à reposer aussitôt ce que je ramasse, me contentant du « prendre et relâcher »... Enfin, pas à chaque fois !

Quand l'on entend « fruit d'arbre », on a tendance à imaginer un fruit frais ou un gland, mais en réalité il y a autant de fruits qu'il y a d'arbres. Je vous en présente ici quelques-uns, mais il en existe plein d'autres, de toutes tailles et de toutes formes, un vrai plaisir pour les yeux ! La plupart se trouvent facilement dans les parcs, les allées boisées ou les haies. Il y en a souvent plus qu'on l'imagine tout près de chez soi. De plus, bien que l'automne soit la saison la plus indiquée, il y a des fruits qui tombent aussi en hiver (c'est le cas du fruit du camélia par exemple), et d'autres que l'on trouve toute l'année (les pommes de pin, les fruits du cèdre, du cyprès...). La saison de la cueillette dépendra donc de l'espèce. Lorsque vous voyez un arbre, n'hésitez pas à regarder à son pied, quelle que soit la saison.

Poser un fruit d'arbre tel quel fera bien sûr une jolie décoration, mais plus les fruits sont nombreux et variés, plus on peut faire de jolies compositions : c'est là tout leur attrait. Donc, si vous pensez créer une composition, n'hésitez pas à rassembler le plus d'espèces possible. C'est étrange comme ce type de décoration est apaisant à contempler.

Un monde de pommes de pin !

les 7 frères pommes de pin

*Pin des marais

Pinus taeda

Épicéa

Mélèze du Japon

*Epicéa commun

Pin noir du Japon

Pruche du Japon

les petites boules

Copalme d'Amérique

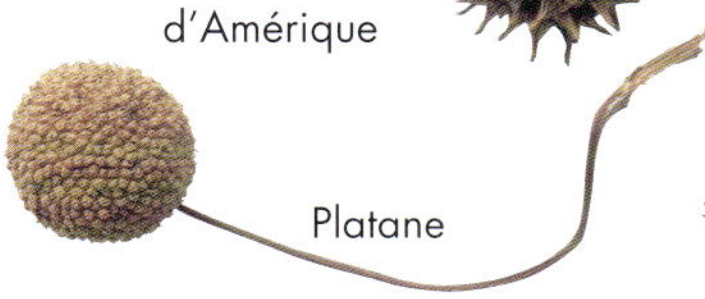

Platane

*Aulne

Cyprès du Japon

Eucalyptus

les cousins des pommes de pin

*Sapin japonais Momi

*Pin parasol du Japon

Cèdre de l'Himalaya

les huileux

Camélia (ouvert)

Camélia (fermé)

*Noyer du Japon

les glands

Chêne à tan

Chêne à feuilles de myrsine

Chêne du Japon

Chêne serrata

Sudajii

les cyprès

Séquoïa de Chine

Cyprès du Japon

les fruits fleurs

Lilas d'été

Stewartia

Shimeshara

Il est conseillé d´utiliser une guirlande électrique blanche pour que le tout reste joli même s´il y a peu de fruits.

matériaux et fournitures

- Choix de fruits d´arbre (l´exemple a été réalisé avec quelques espèces de pommes de pin, de glands, de fruits de cèdre, cyprès, sapin Momi, noyer du Japon, aulne, etc.)
- Fil de fer (blanc, n° 22, 28 pour compositions florales), fil d´aluminium (diam. 3 à 3,2 mm)
- Guirlande électrique (fil blanc, de 3 à 4 m, 20 à 30 ampoules ; c´est une guirlande de 30 ampoules qui est utilisée ici)
- Colle à bois, poinçon, pince à long bec

enfiler les fruits et pommes de pin 1

Insérer le fil de fer à travers les fentes existantes des fruits, et entortiller le fil, 2 ou 3 fois, sur lui-même pour les fixer (adapter la taille du fil au fruit).

entourer les pommes de pin et fruits ouverts

percer les fruits durs ou fermés

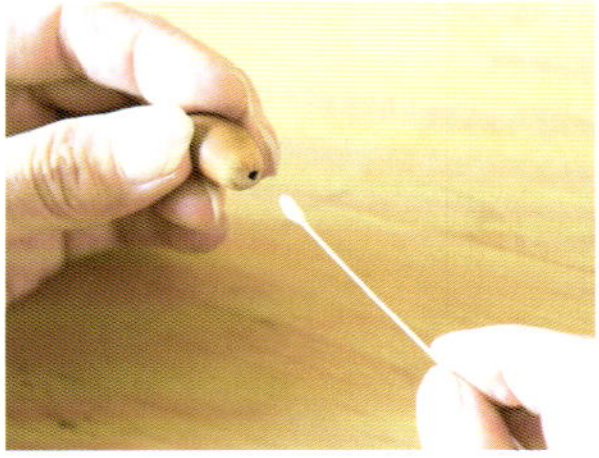

Percer le fruit avec un poinçon, enfiler un fil de fer n° 22 avec une pointe de colle et fixer. Utiliser les trous déjà ouverts quand c´est possible. Couper le fil de fer à 7 ou 10 cm de long, selon la taille du fruit.

2 enfiler le fil d´aluminium dans la guirlande

Arrondir l´extrémité d´un fil d´aluminium, et l´accrocher à l´une des extrémités de la guirlande électrique, puis l´enrouler autour en maintenant une courbe douce. Arrivé à la dernière ampoule, bien serrer le fil pour l´attacher, puis couper l´excédent.

ajouter les fruits 3

Placer les fruits entre les ampoules puis enrouler les fils de fer autour de la guirlande.

Pour le bon positionnement des fruits, respecter l'équilibre de l'ensemble. Commencer par les gros fruits, puis remplir les espaces laissés libres avec les petits.

ASTUCE

ne pas trop serrer les fruits sur la guirlande

Laisser un petit espace entre les fruits et la guirlande (quelques millimètres) permet par la suite de la manier plus facilement.

Et voilà !

La base est terminée

former la couronne

Commencer par former le cercle intérieur, à la taille souhaitée, et le fixer au reste de la guirlande avec le fil de fer n° 28. Puis continuer à enrouler la guirlande autour de ce premier cercle, en fixant les cercles ainsi obtenus entre eux, à quelques autres endroits, toujours à l'aide du fil de fer, jusqu'à la fin de la couronne.

Ajuster les fruits pour les faire ressortir, et ajouter des décorations de Noël à son gré.

D´autres idées...

sapin de Noël

Commencez à enrouler la guirlande sur elle-même en formant un petit cercle, puis faites des cercles de plus en plus grands en descendant, telle une spirale. Ajoutez-y étoiles et décorations de Noël si vous le souhaitez.

éclairage d´ambiance

Décorez vos murs, colonnes ou meubles en fixant la guirlande avec des punaises. Formez une vaguelette, une lettre ou n´importe quelle autre forme qui vous plaît !

sapin en pommes de pin

Si vous maîtrisez la technique de la guirlande, pourquoi ne pas tenter de réaliser cet arbre tout en pommes de pin pour Noël ?

matériaux et fournitures

Cône en mousse (aux rayons arrangements floraux ou loisirs créatifs), pommes de pin et fruits d´arbre (mélèze, stewartia, shimeshara), lettres de l´alphabet en bois (voir p. 94), boules de feutre, fil de fer (n° 24), colle à bois.

fabrication

1 - Fixer les pommes de pin, puis les boules de feutre et la lettre en bois avec le fil de fer, selon la méthode décrite p. 48.
2 - Planter le résultat sur le cône en mousse.

Ce sapin a été décoré de faux cadeaux réalisés en polystyrène et entourés de chutes de tissus et de rubans, ainsi que de fruits de cyprès.

Tiges grimpantes

Dessous-de-plat

Dessous-de-plat, panier à pain ou coupe à fruits, objet à usages multiples.

Où et comment dénicher des tiges grimpantes ?

Pour la cueillette, attendre l´automne-hiver où la croissance des tiges se ralentit et l'absorption d´éléments nutritifs est réduite.

Bien que le matériau soit l'élément central de nombreuses créations, celles-ci nécessitent souvent de faire quelques achats tels la colle, fils de fer, etc. Mais, pour celles qui figurent aux pages suivantes, le coût de production est de zéro. N'importe qui peut, s'il le veut, réaliser des objets d'art aussi solides que durables avec ce matériau génial qui vit enroulé autour des arbres et des talus. J'ai nommé : la tige grimpante !
En revanche, à la différence des autres matériaux, les tiges grimpantes semblent plus compliquées à dénicher. Faut-il crapahuter jusqu'au fin fond de la forêt ? Peut-on en trouver facilement près de chez soi ?
C'est aussi cela que je redoutais au début. Mais, lors de balades en voiture ou à pied, en y prêtant un peu d'attention, j'ai réalisé qu'il y en avait un peu partout. On en trouve en particulier dans les fourrés, autour des clôtures et sur les talus ensoleillés, d'autant si un cours d'eau se trouve à proximité. En se rapprochant des banlieues, on découvre sans difficulté de nombreuses espèces différentes, mais, étonnement, il existe aussi en ville de quoi faire une récolte suffisante. Je me dirige toujours en premier lieu vers les grands arbres qui bordent les fleuves ou les parcs. Je ne manque pas de regarder aussi aux alentours des haies et des barrières, le long des chemins. Et là, quand je tombe sur une de ces tiges, j'en cherche d'abord la racine, pour ne couper que la tige, afin qu'elle repousse l'année suivante. Pour les tiges enroulées en hauteur, au lieu de tirer dessus brutalement, je tente de démêler le tout petit à petit.
Une fois la tige coupée, j'ôte sur place les feuilles et branches en trop, je l'enroule et l'attache avec une ficelle. Vous voyez, la cueillette et les outils nécessaires à celle-ci sont beaucoup plus simples qu'on pourrait le croire. En effet je n'ai eu besoin pour cela que d'une ficelle, de gants et de ciseaux de jardinage.
Les créations en tiges grimpantes sont ensuite, elles aussi, très simples. Il suffit de connaître la technique de base du tissage pour fabriquer un panier original. De nos jours, il est facile de trouver dans le commerce de beaux paniers bon marché, mais rien ne vaut un panier fait de ses propres mains !

Comment fabriquer son dessous-de-plat

Aussi bien dessous-de-plat que panier, cet objet pourra recouvrir plusieurs fonctions... En ajoutant un crochet, il se transformera en repose-cuillère !

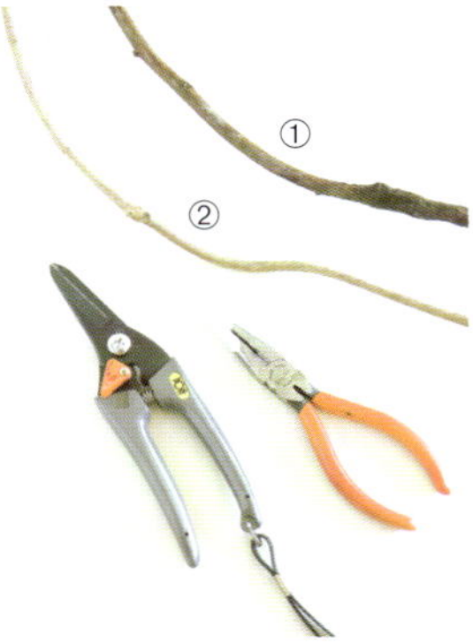

matériaux et fournitures

Tiges grimpantes

- 1 - tiges de base : env. 3,4 m (4 x 75 cm, 1 x 40 cm), choisir une tige assez épaisse, solide et flexible et la couper aux longueurs indiquées ci-dessus.
- 2 - tiges pour tisser : env. 8 m (on peut utiliser plusieurs tiges courtes pour un total de 8 m). Choisir des tiges plus fines que celles de base, bien souples.
- Ciseaux, pince à long bec (enrouler du ruban adhésif autour des pointes de la pince évite de laisser des marques).

préparation des tiges

Chez vous, pour faire sécher les tiges, il faudra les suspendre toutes enroulées, dans un endroit à l'ombre et bien aéré, pendant 5 jours à une semaine. Avant de les utiliser, faites-les tremper 1 jour ou 2 dans de l'eau tiède afin de les ramollir (si elles sont dures, on peut même les faire bouillir un peu).

* On peut aussi les laisser tremper dans l'eau, enfermées dans un sac plastique.

1 réunir les tiges de base

Former une croix avec 4 tiges. Puis, placer une tige plus courte au milieu des 2 tiges verticales, en bas.

2 bien fixer la base

Enrouler une tige à tisser assez fine autour des tiges de base, d'abord à gauche, puis à droite en la faisant passer sous les tiges. Serrer pour bien fixer la base.

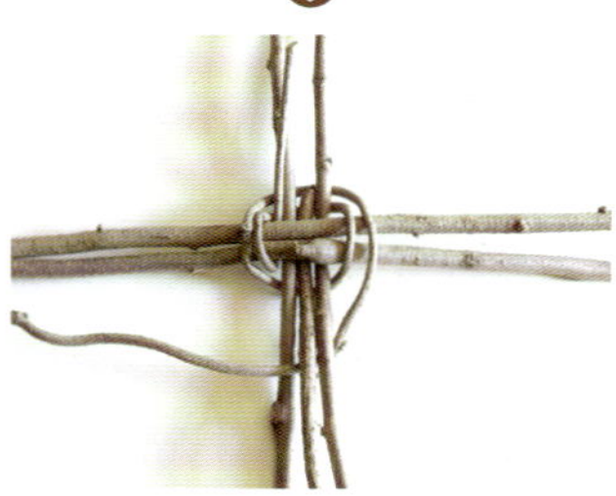

Après 2 tours complets, passer la tige à tisser sous 2 des tiges verticales du bas et débuter ainsi un nouveau tour. Refaire 2 tours.

3 tisser en cercle

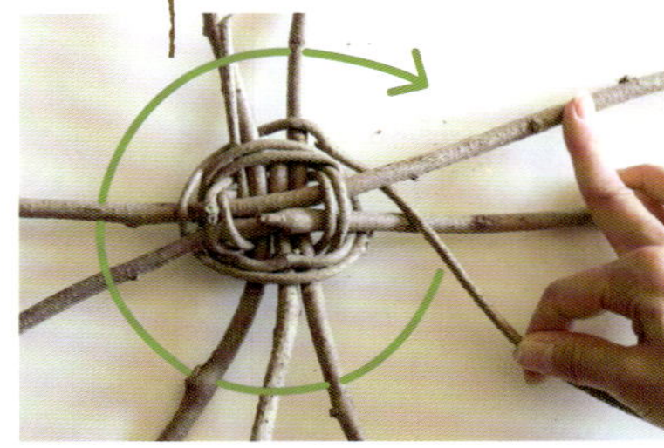

Le tissage à proprement parler commence ici. Séparer les tiges de base une par une et faire passer la tige de tissage dessus dessous chacune.

Les tiges de tissage doivent systématiquement se rejoindre au-dessus des tiges de base. Faire dépasser la nouvelle tige de 2 cm et recommencer à tisser.

4 fermer les tiges de base

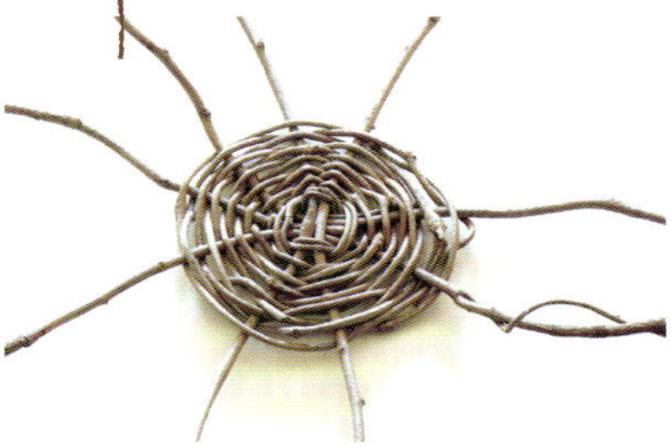

Lorsque le cercle atteint environ 20 cm de diamètre, couper la tige de tissage. Plier les bouts des tiges de base et les insérer dans le tissage. Comme sur la photo, courber la tige en la faisant d'abord passer sous celle de droite puis l'insérer à l'intérieur. Égaliser l'ensemble en insérant chaque tige qui dépasse. Ne pas oublier de respecter la courbure de chaque tige pour obtenir un bel ensemble.

ASTUCE pour les tiges dures

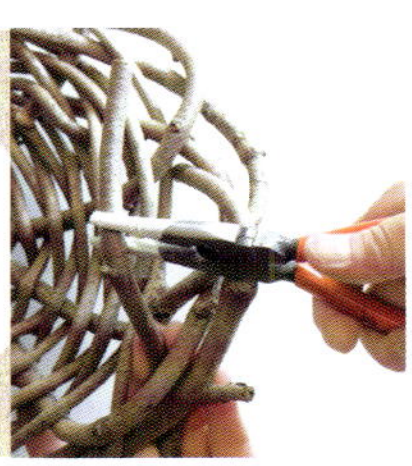

Utiliser une pince avec les tiges difficiles à manipuler. Les plier trop fortement risque de les casser, y aller donc prudemment. Si les tiges de base sèchent et deviennent trop dures, les plonger alors dans l'eau chaude.

Et voilà !

bien faire sécher le tout...

Avec une tige, faire un arc de cercle plus grand qui pourra servir de crochet pour poser une louche, par exemple !

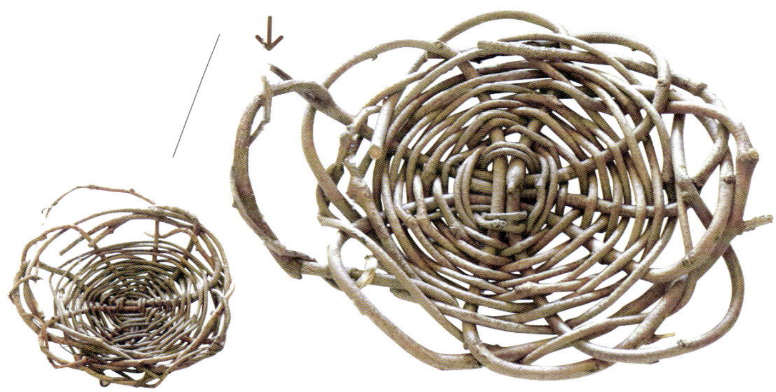

Le panier/dessous-de-plat de la page 51

la technique de tissage

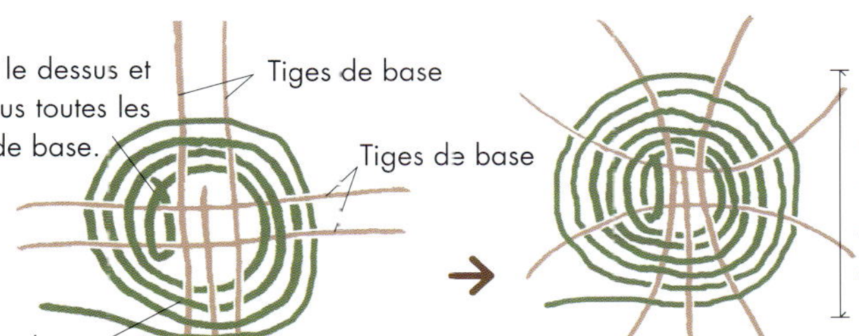

Ensuite, la tige à tisser doit chevaucher 1 tige à la fois seulement, en continuant d'alterner dessus et dessous.

Porte-tasses

avec des tiges fines...

matériaux

Pour un porte-tasse de 6 cm de diamètre et de 4 cm de haut :

- Tiges de base (4 x 24 cm, 1 x 13 cm) ; tiges de tissage : 4,8 m au total (choisir des tiges fines et solides, de style Paedaria Scandens ou Jasmin étoilé). Pour les tiges de base, préférer un matériau épais et robuste.

Et voilà !

Ces porte-tasses suffisent pour donner de l'allure à des tasses classiques. Faute de tasses, ils pourront servir de petits paniers. C'est un de ces paniers, rempli d'herbes, qui figure page 51.

Tisser, selon les étapes **1** à **3** de la p.54, jusqu'à obtenir un diamètre légèrement supérieur à celui de la tasse. Puis, courber doucement les tiges de base et continuer à tisser en les tenant à la verticale.

1

À mi-hauteur de la tasse, fermer les tiges comme indiqué p. 55, et réaliser une anse.

2

À l'endroit désiré pour la anse, insérer une tige fine de tissage, en réunir les bouts puis les torsader.

3

Pousser le tout un peu plus loin et repasser les pointes dans la partie tissée pour fixer l'anse.

chapitre 2

Esprit récup'

Trop beau pour être jeté !

Acheter, manger, lire... Le nombre de choses que nous consommons au quotidien est impressionnant. On se retrouve alors avec des montagnes de récipients vides ou de papiers usagés. Il est bien sûr important de faire le tri et de recycler. Mais, derrière ces objets désuets, on trouve parfois une « beauté cachée » que l'on souhaiterait pouvoir réutiliser. À partir de maintenant, avant de jeter un objet, prenez une bonne respiration et observez-le bien. Vous allez peut-être y voir des étincelles...

Papier

Imitations de poteries en papier

Publicités, catalogues, sacs en papier... Je vous propose ici une technique pour transformer tous vos « vieux papiers » en récipients.

Vos vieux papiers transformés !
Créations multiples en papier

Emballages, catalogues, enveloppes et tickets de caisse : quelles que soient leurs formes, tous sont faits de la même matière première élémentaire : le papier. Les emballages et les sacs en papier peuvent être réutilisés tels quels. Les catalogues et journaux sont pratiques pour peindre un objet. Bien sûr, en les jetant dans le bac de tri, ils seront recyclés. Mais j'ai trouvé un autre moyen d'utiliser ces vieux papiers. En les mouillant et en les plaquant sur un moule, on peut en faire des petits récipients ou des sous-verres. Je les ai baptisés « imitations de poteries en papier » !

Avec cette technique de papier mouillé, on connaît déjà les cartes postales faites à partir de briques de lait recyclées : il faut les broyer au mixeur, etc., etc., enfin tout cela prend finalement pas mal de temps… En outre, on ne peut utiliser que des briques de lait, ce qui n'est pas le cas pour mes imitations de poteries. Et malgré leur appellation, elles ne nécessitent pas d'outil particulier.

sous-verres

avec des prospectus, des enveloppes…

Les 2 modèles, en haut de la photo, ont été réalisés dans des feuilles bleues et vertes, et le rose dans une enveloppe de la même couleur. Ce sont des catalogues, imprimés de peu de couleurs, qui ont servi à réaliser les 2 derniers. Pour les formes, j'ai utilisé une écumoire et un moule à œufs.

Cette méthode de fabrication est très simple et on peut utiliser presque tous les papiers dignes de ce nom. Et, selon le papier, on obtient des couleurs et des ambiances différentes… ce qui est amusant aussi.
La première fois, j'ai utilisé des prospectus de couleur. Je pensais que, comportant plein de couleurs, j'obtiendrais un résultat coloré… Mais, en réalité, le résultat était tout gris ! En effet, concernant les impressions, en mouillant le papier, les couleurs se mélangent et donnent du gris. En revanche, avec des papiers imprimés en peu de couleurs, celles utilisées restent plus facilement, et l'on retrouve par endroits les couleurs originales ou bien du texte, donnant à l'ensemble un aspect insolite. Plutôt que du papier avec des impressions en couleur, on peut utiliser directement du papier ou des enveloppes de couleur pour un résultat différent. Enfin, de découverte en découverte, je vous garantis que l'on finit par devenir accro ! On peut utiliser toutes sortes de papiers, hormis les papiers glacés, imperméabilisés ou huilés. Alors, rassemblez vos vieux papiers et c'est parti !

avec des brochures, des emballages…

En utilisant une brochure au ton uni, on obtient un effet marbré (ci-dessous, au centre). Avec des prospectus comportant beaucoup de blanc (ci-dessous, à gauche) ou du papier fin mi-transparent d'emballage (ci-dessous, à droite), et en ajoutant du vernis, ou même de l'eau, ces récipients ressemblent presque à des poteries. Celui de droite a été réalisé à l'aide d'un grand chinois.

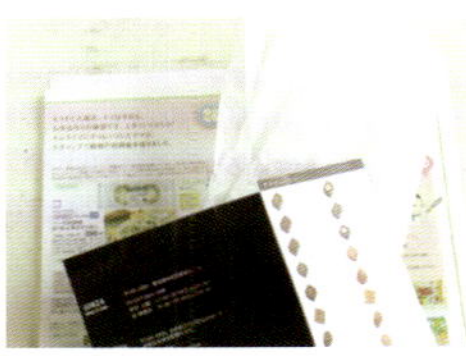

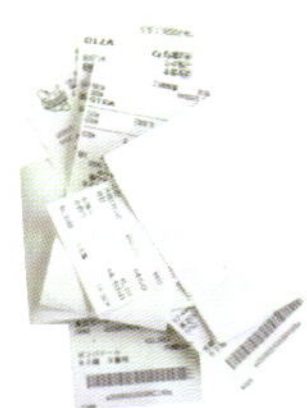

avec des reçus…

Les reçus que j'ai utilisés, à moitié convaincue alors par mon idée, ont rendu ce très beau résultat ! Attention cependant, car une fois sec, le papier est très fragile, pensez donc bien à utiliser colle à farine et vernis pour la finition.

petits bols

grand bol

Comment fabriquer des poteries en papier

Le premier récipient, à gauche, est fait dans des prospectus et les 2 suivants dans des sacs en papier. Le côté épuré de ces créations, bien loin du matériau d'origine, est tout simplement magique.

matériaux et fournitures

Pour le récipient de la p. 59

- Papier (4 pages de catalogue de taille B4, ou un petit sac)
- Tamis en fer pour le moule (ici, diam. 15 cm, 7 cm de profondeur), un bol, un plateau
- Colle à farine pour la finition (voir p. 64), ou vernis uréthane à l'eau (mieux vaut utiliser un produit dépolissant et conforme à l'hygiène alimentaire), brosse ou pinceau

1 bien malaxer le papier

Mouiller le papier à l'eau froide ou tiède, bien malaxer avec les mains. Une fois bien imprégnée, essorer légèrement la boule de papier. Si elle s'imprègne difficilement, la laisser tremper un peu après l'avoir malaxée pour qu'elle ramollisse.

Déchiqueter la boule de papier dans un bol. Une fois tout le papier prêt, ajouter un peu d'eau et émietter de nouveau les gros morceaux. Pour se simplifier la tâche, on peut utiliser un mixeur.

Ajouter encore un peu d'eau...

Lorsque la texture est semblable à de la viande hachée un peu mouillée, le papier est prêt !

2 modeler à souhait

Verser la pâte obtenue en 1 et débarrassée de son surplus d'eau dans un tamis en fer. Il est important de bien égaliser l'épaisseur de la pâte. Il suffit ensuite de la répartir selon la forme souhaitée.

En tenant le tamis entre les 2 mains, presser la pâte pour en exprimer l'eau, en partant du centre vers les bords. Attention à retirer les doigts doucement pour ne pas emporter le papier avec.

Presser le papier jusqu'à ce qu'il soit bien essoré et aplati. Il est impossible de faire sortir toute l'eau avec la seule force des mains, mais le faire au maximum.

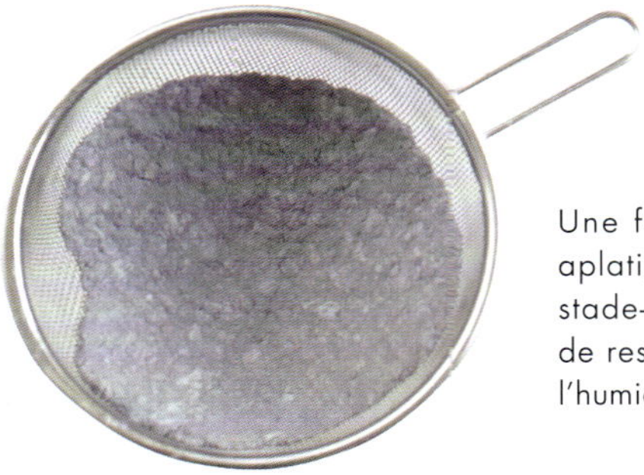

Une fois le tout bien aplati, c'est fini. À ce stade-là, il est normal de ressentir encore de l'humidité.

3 faire sécher

Tout d'abord dans son moule.

Une fois sec au point qu'il ne se casse pas au toucher, retirer le modelage et peaufiner doucement les bords avec les doigts. Enfin, le faire sécher entièrement jusqu'à ce qu'il soit bien dur (un jour et demi à l'extérieur pour le modèle ci-contre).

C'est sec !
Les traces laissées par le tamis lui confèrent un aspect de poterie authentique, n'est-ce pas ?

4

choisir sa finition

Pour exploiter l'allure épurée de ces créations en papier, utiliser de la colle à farine. Pour leur donner brillance et résistance, ajouter du vernis.

colle à farine

En plus d'augmenter la résistance du papier, cette colle permet de lier et réparer les fissures éventuelles. C'est tout simple.

Appliquer 2 à 3 couches de colle à farine sur les 2 faces du récipient pour le renforcer tout en conservant son teint et sa texture.

pour faire de la colle à farine

Recette

Mélanger 1 part de farine dans 6 parts d'eau, en veillant à ne pas faire de grumeaux. Passer au micro-ondes (600 W) pendant 30 à 40 secondes. Mélanger à nouveau et remettre au micro-ondes 20 à 30 secondes pour obtenir une pâte visqueuse. Elle se conserve une semaine au réfrigérateur.

rayures et ambiances bicolores

On peut utiliser 2 sortes de papier pour une ambiance bicolore ou bien ajouter une bande de papier de couleur différente après le moulage de la base, en essorant bien le papier.

Boîtes en bois

Étagères déco en puzzle

Ne jetez pas vos vieilles boîtes en bois. Avec plusieurs de ces boîtes, on peut réaliser des étagères design qui donneront du charme à votre déco.

Quel dommage de jeter ces boîtes solides !

Boîtes cadeaux et boîtes à biscuits : on ne leur prête souvent que peu d'attention. Mais savez-vous dans quels genres de bois elles sont fabriquées ? Piquée par la curiosité, je me suis lancée dans l'investigation.

Le bois le plus répandu au Japon est le Paulownia. Non seulement sa jolie texture lui donne un aspect noble, mais il supporte très bien l'humidité et possède de bonnes propriétés conservatrices. C'est pourquoi on l'utilise dans la fabrication de nombreux produits, des objets de décoration à l'alimentation ! Le deuxième matériau le plus utilisé est le Paulownia du sud Pacifique ou Falcata d'Indonésie. Faisant partie de la famille des légumineuses, cette plante a une croissance très rapide et peut donc être produite en grande quantité, d'où son faible coût. D'un blanc uni et aux propriétés antibiotiques, on l'utilise beaucoup dans l'alimentaire, tout comme les copeaux finement râpés du sapin, du pin ou encore du cèdre qui eux aussi ont des propriétés stérilisantes importantes. Le bois, même de pin ou de cèdre, a une croissance lente ce qui le rend plus coûteux. Il sert donc aux aliments de luxe, aux porcelaines ou à la fabrication de belles boîtes à bento, par exemple. Bien que l'on se borne à les nommer simplement « boîtes en bois », chacune est faite d'un matériau différent réservé à un usage bien particulier. Autrefois, j'avais déjà du mal à les jeter, mais maintenant que je sais tout cela, je ne peux plus m'en séparer.

Il faut donc les utiliser à bon escient, en leur conférant un look pimpant ! C'est ainsi que j'ai crée ces étagères décoratives, faites de plusieurs boîtes assemblées tel un puzzle. J'ai ainsi pu sauver toutes mes boîtes ! Les assemblages possibles sont variés, selon le nombre de boîtes.

Boîte d'un gâteau (copeaux)

Boîte de nouilles (cèdre)

Petite boîte (cèdre)

Boîte d'un gâteau (paulownia)

Boîte de bouteille de vin (pin)

Certaines créations ne nécessitent qu'une boîte.

Tableau en tissu

Les boîtes très fines et les couvercles conviennent parfaitement à la réalisation d'un tableau en tissu comme celui-ci. Collez du ruban adhésif double-face à l'intérieur et à l'extérieur de la boîte et du couvercle puis appliquez le tissu comme p. 69.

Comment fabriquer une étagère puzzle

Ces boîtes sont légères, et conviennent donc parfaitement pour des étagères suspendues. On peut les agrandir petit à petit en ajoutant de nouvelles boîtes.
Il y a peu de profondeur mais c'est idéal pour les petits objets de déco.

matériaux et fournitures

- Quelques boîtes sans couvercle (Dans le modèle p. 65, j'ai utilisé 6 boîtes différentes
- Peinture de café (voir p. 70. Café soluble, eau tiède)
- Cire d'abeille (voir p. 70. Cire d'abeille du marché, huile d'olive)
- Tissu
- Carton ou papier fort
- Ruban adhésif double-face (un ruban
- fort et un autre facile à enlever)
Ruban adhésif

1 brunir le bois

Brunir les boîtes avec la teinture de café, à l'aide d'un pinceau ou d'un vieux chiffon, puis laisser sécher. Multiplier le nombre de couches jusqu'à obtenir la couleur désirée. Les boîtes sont souvent de teintes différentes, à unifier en ajustant le nombre de couches de peinture. Essayez la teinture de café faite maison (voir p. 70) !

Recouverte de 4 couches.

2 coller les boîtes entre elles

Lorsque la peinture est sèche, essayer différents assemblages. Une fois le bon assemblage trouvé, marquer les emplacements avec du ruban adhésif, puis coller ces parties entre elles avec du ruban adhésif double-face fort. Appuyer fortement sur les surfaces à assembler pour une meilleure robustesse.

3 terminer avec la cire

Pour la protection et la brillance du bois, il est recommandé de fabriquer une cire maison également (voir p. 70). Bien la répartir sur toute la surface avec un vieux chiffon, laisser reposer puis étaler le surplus. Pour l'intérieur de la boîte, attendre que la peinture de café soit sèche avant d'appliquer la cire.

ASTUCE

une petite touche en plus avec ce fond en tissu

Le fond de certaines boîtes en bois est malheureusement fait de papier fort. Il suffit alors de le masquer avec un bout de tissu pour obtenir une déco sympa. On peut préparer plusieurs fonds dans des tissus différents afin de pouvoir en changer, selon la saison par exemple !

1

Prendre un bout de carton (le couper pour que son contour fasse environ 2 mm de moins que celui de la boîte, puis apposer du ruban adhésif double-face sur les bords) et le placer sur le tissu. Couper ce dernier en laissant 2 cm de marge de chaque côté. Rabattre un bord du tissu sur la bande de ruban adhésif au dos du carton.

2

Ensuite, coller le tissu sur le côté opposé. Pour ce faire, lisser le tissu avec une main pour éviter les faux plis, puis coller le bord tout en maintenant le tissu tendu avec l'autre main.

3

Puis continuer sur les 2 autres bords. Plier les coins comme ceux d'un emballage cadeau et bien appuyer le tissu contre le ruban adhésif. Pour le coller au fond de la boîte utiliser du ruban adhésif double-face facile à décoller.

ASTUCE

utiliser des crochets pour cadre afin de les accrocher au mur

L'étagère est légère, il est donc possible de la suspendre à l'aide de simples crochets pour cadre. Il en existe de plusieurs types selon le poids de l'objet. Posez-en plusieurs pour plus d'équilibre et de stabilité.

Et voilà !

Léger comme une plume !

La teinture de café donne un aspect doux, comme un teint de miel, à l'ensemble. Le croiriez-vous si je vous disais que le tout ne pèse que 600 g !

Simples et écologiques, voici de la teinture et de la cire que vous pouvez réaliser vous-même.

teinture de café

On peut en préparer autant que l'on veut et l'utiliser aussi sur des boîtes destinées à contenir des aliments. J'apprécie également le parfum qu'elle dégage. Je l'utilise depuis des années. Pensez bien à utiliser du café soluble et non en poudre. La couleur est la même selon les marques, alors choisissez-en une qui soit bon marché.

Recette

Mélanger une part de café soluble à 2 ou 2,5 parts d'eau tiède. Enlever la mousse à la surface car elle devient collante en l'étalant.

cire maison

Cette combinaison de cire d'abeille et d'huile d'olive est utilisée dans la fabrication de crème corporelle ou de baume à lèvres. J'ai juste adapté les proportions pour en faire de la cire à bois. Non nocive pour la santé, on peut la conserver dans une bouteille ou un récipient hermétique. Une fois ôtée du feu, vous pouvez ajouter une huile essentielle pour donner un parfum agréable à votre cire.

Recette

Verser 10 g de cire d'abeille et 2 cuillères à soupe d'huile (d'olive ou de lin) dans une brique de lait, puis faire chauffer au bain-marie. Faire fondre en mélangeant de temps en temps, retirer du feu une fois le tout fondu, puis laisser refroidir. C'est prêt.

Récipients en verre

Étiquettes en ardoise

Utilisez de la peinture en aérosol pour donner à ces étiquettes un aspect « tableau noir ». Ces petites ardoises serviront à indiquer les contenus de vos pots.

pour continuer à utiliser vos pots préférés

Lorsque je trouve de jolis récipients en verre, je les achète quel qu'en soit le contenu ! Croyez-moi, il existe beaucoup de « fétichistes » de récipients en verre, moi comprise ! En revanche, je jette sans hésiter les bouteilles toutes simples, d'alcool ou de sauce soja, dans la poubelle destinée au verre. Comment fais-je la différence ? C'est tout simple, je ne me pose qu'une seule question : vais-je pouvoir, ou non, réutiliser le récipient ? La frontière entre ces deux types de récipients se situe pour moi au niveau des pots de confiture ou de légumes cuits qui, bien que pratiques pour conserver aliments et autres objets du quotidien, manquent cruellement de style. Bien sûr, je pourrais aussi confectionner des étiquettes en papier, mais il faudrait alors à chaque fois les ôter avant de laver les pots... Pas question : un objet du quotidien doit avant tout être pratique ! C'est avec cela en tête que je me suis lancée dans les créations suivantes.
Il suffit donc d'un coup de peinture pour réaliser ces étiquettes en ardoise, et l'on pourra écrire directement dessus. Pour décorer les couvercles, il suffira d'un peu de papier. En quelques gestes faciles, l'on peut donc transformer radicalement tous ces récipients. Demeurant pratiques, ils deviendront en outre amusants. Du coup, je me suis évidemment retrouvée un peu envahie par tous ces récipients... Mais, je les utilise tous ! J'en change parfois le contenu, mais je les rends véritablement réutilisables.

collection design de récipients en verre

« IZZE », bouteille d'une boisson bio américaine dont j'aime bien le design.

Ces bouteilles de lait sont devenues rares. Lait de la région de Gifu, au Japon. Je garde même le couvercle en carton.

Boîte de sauce pour pâtes italiennes. La marque et le poids sont en relief.

Cette boîte de caviar est la plus petite de toutes et elle est pourtant celle qui revient le plus cher !

Jolie bouteille ronde de compote de pommes de marque américaine.

Récipient carré avec motif de maison en relief. Il contenait de la mayonnaise et était autrefois vendu, en édition limitée !

couvercles colorés

récipients à étiquettes en ardoise

Comment fabriquer ses étiquettes en ardoise

La peinture ardoise peut être lavée et frottée, on pourra toujours écrire et effacer à volonté. Si la surface est trop rugueuse pour écrire dessus, la polir avec du papier de verre n° 400.

matériaux et fournitures

- Récipients en verre
- Peinture à tableau noir (en bombe aérosol)
- Couche de fond
- Ruban adhésif, journal
- Étiquette en papier (sur la photo : 4,5 x 4 cm)
- Boîte en carton

avec toutes sortes de récipients...

On peut aussi peindre le couvercle !

1 protéger le récipient

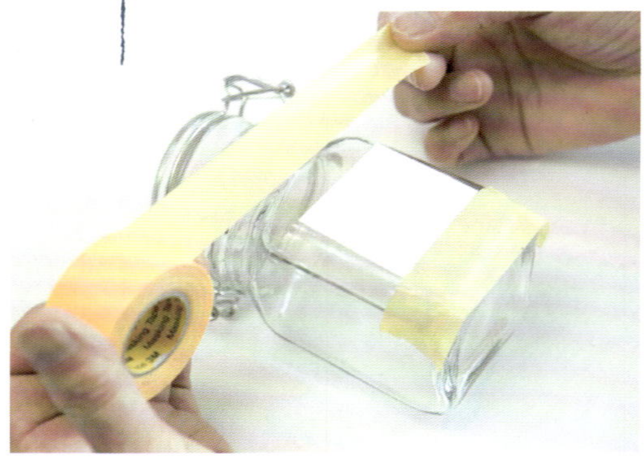

Découper un morceau de papier de la taille souhaitée et le placer sur le récipient. Puis, coller du ruban adhésif autour de cette étiquette.

ASTUCE

recouvrir de papier journal

Recouvrir le récipient entièrement de papier journal afin que la peinture ne passe pas à travers.

2 appliquer la couche de fond

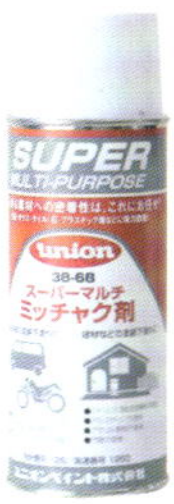

On utilise une couche de fond avant la peinture pour renforcer l'adhérence et l'anticorrosion de celle-ci. La peinture tient ensuite mieux, y compris sur des surfaces difficilement adhérentes ou du métal.

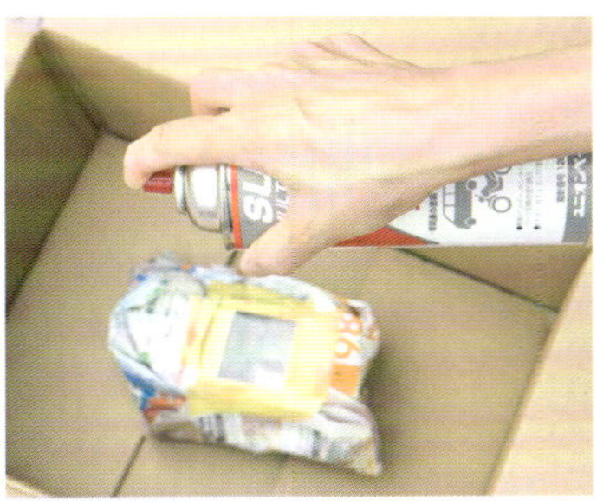

Avant de peindre, appliquer 2 couches de fond. En plaçant le récipient à peindre dans une boîte en carton, on évite les taches dues aux éclaboussures, et l'on peut travailler même dans un endroit exigu.

3 appliquer la peinture à tableau noir

Il suffit d'une pression pour obtenir un aspect ardoise. Il existe 2 teintes : le vert et le noir. Pour les surfaces où la peinture adhère difficilement, ou sur les couvercles, penser à toujours appliquer une couche de fond avant.

La couche de fond sèche, vaporiser la peinture à tableau noir, puis laisser sécher. Répéter 4 ou 5 fois l'opération en procédant par petites touches. Mieux vaut s'installer à l'extérieur, dans un endroit abrité du vent.

4 enlever l'emballage

Retirer tout doucement le ruban adhésif. Si de la peinture a filtré, la frotter doucement avec la pointe d'un cutter.

Et voilà !

couvercles colorés

Relookez vos couvercles ! Il suffit d'y coller le papier de votre choix, et d'appliquer une couche de vernis. Amusez-vous à en fabriquer tout plein...

matériaux et fournitures

- Couvercles de récipients en verre
- Papier de décoration
- Colle à bois
- Vernis à l'eau
- Ciseaux, pinceau

1

Étaler une fine couche de colle à bois sur la surface du couvercle.

2

Poser le papier dessus et le coller rapidement en lissant avec le doigt.

3

Couper le papier en laissant 1 ou 2 cm de marge tout autour, puis des fentes tous les 1 cm environ. Pour cela, il est important de tenir les ciseaux à angle droit par rapport au couvercle. Appliquer de la colle sur tout le bord du couvercle puis rabattre dessus les bords en papier, un à un.

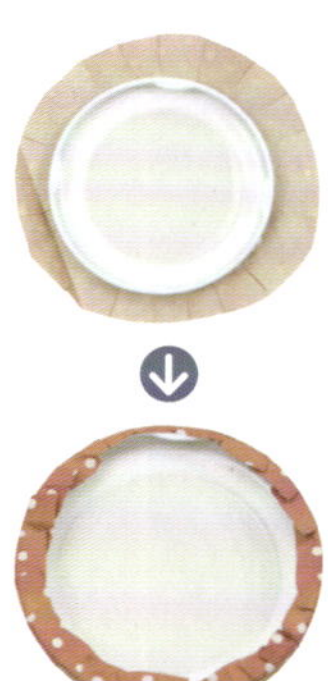

4

Une fois la colle sèche, couper le surplus de papier en suivant le bord du couvercle.

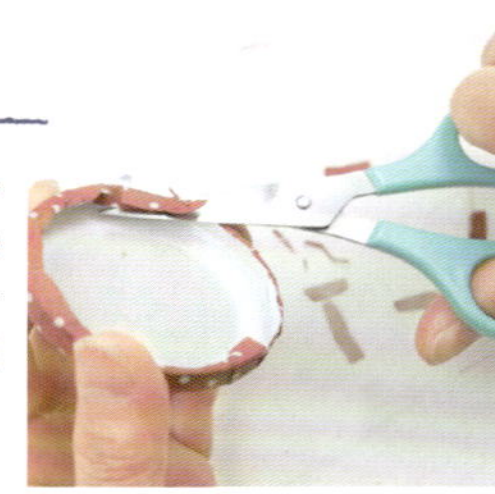

5

Terminer par 3 ou 4 couches de vernis. Ne pas oublier les bords du couvercle.

Il existe plusieurs tailles standards de couvercle, il est donc facile de les échanger. N'hésitez donc pas à changer l'habillage de vos pots selon vos humeurs !

ASTUCE

Changez de couvercle selon vos humeurs !

Boîtes de conserve

Pots de jardin

Les boîtes de conserve et les canettes peuvent se métamorphoser en un tour de main ! Pourquoi ne pas y mettre en valeur quelques plantes vertes !

Avec une déco rétro, ces boîtes deviennent des « bombes » !

J'arrange les boîtes qui me plaisent en laissant l'étiquette. Idéales pour les cultures de plantes aromatiques.

Lorsque je ne sais pas quoi choisir comme aliment en conserve, j'opte pour la boîte la plus jolie. Comme pour les récipients en verre, pour moi qui suis également « fétichiste » des boîtes de conserve, voilà quelque chose sur quoi je suis inflexible quand je fais mes courses. Une fois le contenu consommé, je les utilise en déco, comme récipients pour faire la cuisine ou comme rangements. Ces nouvelles utilisations m'amusent beaucoup, alors si je me suis trompée quant au contenu de certaines de ces boîtes, je n'ai jamais de regret puisqu'il me reste l'objet ! Mais, concernant les conserves et canettes qui nous sont utiles au quotidien, leur apparence n'est pas seule à compter. Leur contenu est important. Et leur banalité fait que l'on ne peut pas les réutiliser telles quelles. En revanche, en les dorant, en les peignant ou en les rabotant on peut les rendre… jolies ? Enfin non, pas vraiment, mais en tout cas, avec quelques astuces, elles deviennent plus séduisantes et on finit mystérieusement par avoir envie de les utiliser.

Comme idée de réutilisation, je vous recommande d'en faire des pots de jardin. Elles ne prennent pas trop de place et ont cet avantage aussi de pouvoir être remplacées au gré de ses envies, étant extrêmement économiques. Elles sont particulièrement pratiques pour y planter de jeunes pousses ou des légumes que l'on voudrait planter en petites quantités.

idées pour réutiliser les conserves telles quelles

Avec les couvercles et les boîtes de petite taille, je réalise des cimants. Ils tiennent sans colle. Préférez les boîtes en fer ou en tôle.

coupelles pour le goûter

Je me sers de petites boîtes à bonbons ou de chocolats pour créer des coupes à dessert. On peut les fermer avec leur couvercle et les emporter telles quelles en pique-nique : elles sont géniales !

aimants

trousse de couture

On peut rembourrer une chaussette de bébé de laine ou de coton, voire de pommes de pin ou de cailloux, puis y insérer une boîte de conserve. Le tout est non seulement pratique mais mignon.

Comment fabriquer ses pots de jardin

Boîtes de conserve peintes, de style rétro. Elles coûtent assez cher sur le marché mais, ici, le coût de production revient à zéro !

Avant d'y placer des plantes, percer avec un poinçon quelques trous pour l'écoulement de l'eau.

ASTUCE

ne pas oublier les trous pour l'écoulement de l'eau

à la flamme

matériaux et fournitures

- Boîte de conserve
- Texte ou autre déco (feuille de journal, magazine ou papier cadeau)
- Vernis à eau (mat et brillant)
- Papier essuie-tout ou vieux chiffon
- Colle à bois, pinces...

1

au-dessus de la flamme

Tenir la boîte avec une pince au-dessus du gaz, la brunir uniformément. Veiller à bien aérer la cuisine car certaines conserves dégagent de la fumée.

2

sécher au soleil

Laisser 2 ou 3 jours à l'extérieur puis la repasser au-dessus de la flamme pour lui donner une nouvelle teinte.

3

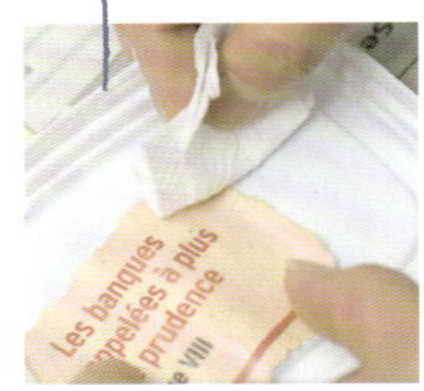

décorer de motifs

Pour rehausser le style de la boîte, passer 2 ou 3 couches de vernis sur un bout de papier pour le rendre imperméable, puis le coller sur la boîte.

au papier de verre

matériaux et fournitures

- Boîte de conserve
- Teinture de café (voir p. 70, mélanger une part de café soluble dans 2 à 2,5 parts d'eau tiède.)
- Vernis à eau (mat et brillant)
- Papier de verre (n° 400 et 280)
- Papier essuie-tout ou vieux chiffon

1

papier de verre

Frotter l'étiquette avec le papier de verre n° 400 pour estomper ici et là les lettres et les couleurs. Utiliser le n° 280 sur toute la surface métallique.

2

ajouter un teint rétro

Imbiber un papier essuie-tout ou un vieux chiffon de teinture de café et faire quelques taches sur l'étiquette.

3

vernir

Vernir, en tapotant l'étiquette avec un papier essuie-tout : l'objectif est de rendre sa surface rugueuse et de lui donner un aspect vieilli.

à la peinture

matériaux et fournitures

- Boîte de conserve
- Peinture acrylique pour tôle peinte (voir p. 94. Noir, marron foncé, marron pour la base de la boîte, gris métallique), pinceau
- Papier de verre n° 280
- Éponge de cuisine et papier essuie-tout

1

frotter au papier de verre

Pour une bonne adhérence de la peinture, bien frotter toute la surface avec du papier de verre.

2

peindre à l'acrylique

Peindre grossièrement la boîte à l'acrylique noire sans trop s'appliquer. Puis, utiliser du marron foncé.

3

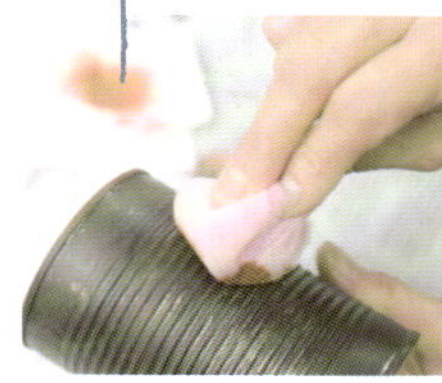

peinture à l'éponge

Tapoter l'éponge, imbibée de couleur de base (ici, du marron), d'abord sur un papier essuie-tout pour ôter le surplus de peinture puis sur la boîte de conserve. Appliquer pour finir quelques traces de gris métallique.

boîte à outils

Les boîtes à gâteaux, rectangulaires avec un couvercle, sont parfaites pour se transformer en boîtes de rangement.
Ici, j'ai peint l'une d'elles dans un style rétro et lui ai ajouté une poignée en fer, la métamorphosant ainsi en boîte à outils pour mes travaux manuels.

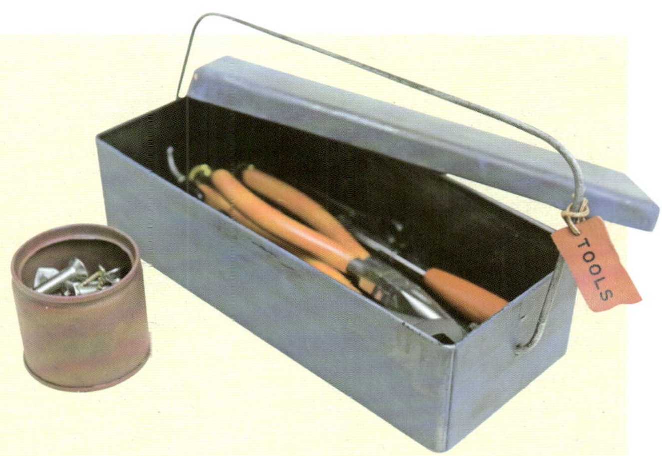

matériaux et fournitures

- Boîte métallique avec couvercle (Ici, une boîte à biscuits rectangulaire. Pour le compartiment à vis et à clous, j'ai utilisé une autre petite boîte.)
- Peinture acrylique pour tôle peinte (noir, marron foncé, et couleurs au choix : ici, du bleu, du rouge, et gris métallique), pinceau
- Fil de fer (3,2 mm de diamètre)
- 2 bouchons pour extrémités (diam. 4 mm)
- Papier de verre n° 280
- Papier essuie-tout, vieux chiffon et éponge
- Pinces, poinçon, ruban adhésif en tissu

*On peut utiliser du cuir et du fil pour faire une étiquette, ainsi que des lettres en décalcomanies (p. 94).

fabrication

1 - Peindre la boîte tel que décrit ci-dessus.
2 - Couper le fil de fer à l'aide de la pince aux dimensions de la boîte. Le tordre pour en faire une poignée puis le passer au-dessus d'une flamme et le peindre légèrement à l'acrylique.
3 - À l'aide du poinçon, percer les trous nécessaires pour fixer la poignée à la boîte. Entourer les extrémités du fil de fer avec du ruban adhésif en tissu et les insérer dans les trous. Puis y mettre les bouchons.

Porte-bougies

Les canettes sont presque toutes en aluminium qui, contrairement au fer, est facile à percer. J'en ai profité pour réaliser ces porte-bougies uniques en 2 temps, 3 mouvements.

matériaux et fournitures

- Canette en aluminium
- Punaise, pique à brochette, épingle

*Pour retirer les motifs sur la canette, utiliser du papier de verre et de l'acrylique.

1 Enlever le dessus de la canette avec un ouvre-boîte.

a

b

2 Percer des petits trous, à l'aide d'une punaise (a), sur le contour des motifs. En élargir certains, aux endroits souhaités, avec une pique à brochette (b). Pour les trous encore plus petits, utiliser une épingle.

3 Placer les bougies, et voilà ! Utiliser des bougies assez larges et stables pour éviter qu'elles tombent.

Et voilà !

POINT

Pour estomper texte et motifs...

Passer un peu de papier de verre sur les surfaces à estomper, puis répartir un peu de peinture en tapotant à l'aide du pinceau. Choisir une couleur proche de celle de base de la canette.

Coquilles d'œufs

Mini-rangement à tiroirs

Ce motif bosselé en mosaïque est très esthétique : à réaliser entièrement en coquilles d'œufs !

Avec des coquilles d'œufs…

« Qu'est-ce que je pourrais bien en faire… ? » Voilà ce qui me turlupine à chaque fois que je jette les coquilles d'œufs que j'utilise en cuisine. Ce sont les couleurs des coquilles qui ont fini par m'inspirer.

Car il en existe bien plusieurs : blanche, beige, rose pâle ou brune… Dans une même boîte parfois, on peut trouver des tons différents. Un jour, à force d'observer ces couleurs, je me suis dit : « Tiens ! On croirait que c'est la même couleur que celle de la table que j'ai réalisée avec des carreaux en terracotta. Carreaux… Carreaux… Et si j'en faisais une mosaïque ! »

Contrairement aux carreaux, les coquilles d'œufs sont fragiles et se cassent mais, en revanche, on peut les manipuler facilement et adapter taille et forme à notre entière convenance. J'ai fait un premier essai en les collant sur un simple bout de bois. Loin des simples coquilles d'œufs, le tout revêtait un aspect étonnement noble et artistique. Le motif « mosaïque de coquilles » était né !

Même si le processus de collage des coquilles d'œufs est minutieux, il est également amusant. On peut les coller sur n'importe quelle surface, mais le mini-rangement présenté ici est pratique et stylé. Toutes les personnes qui l'ont vu m'ont complimentée, petit plus que je ne manque pas de savourer…

Avec des boîtes à œufs...

Il y a aussi plein de façons de réutiliser les boîtes à œufs. Elles sont pratiques pour ranger et classer de petits objets. En carton, on peut aussi y planter des petites graines de fleurs ou de légumes. Quant aux transparentes, on peut les découper, les entourer d'un ruban et en faire de jolis emballages cadeaux.

petit rangement

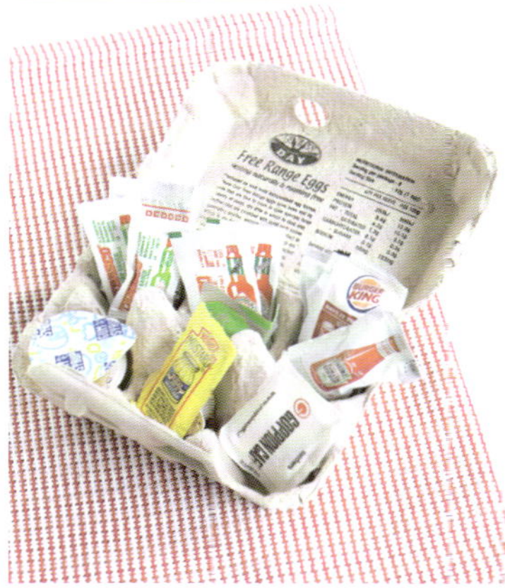

paquet cadeau

Comment fabriquer son mini-rangement à tiroirs

Fabriquer un rangement à tiroirs et le décorer de coquilles d'œufs. Je m'en sers pour ranger accessoires de couture et médicaments, et je l'adore !

ASTUCE

pour préparer les œufs..

Après les avoir bien lavées avec du détergent et séchées, vaporiser de l'alcool désinfectant sur toutes les coquilles et laisser à nouveau sécher. Ce n'est pas grave si la membrane reste collée à la coquille, il faudra juste prendre soin de couper celle qui dépasse au moment de coller les différents morceaux de coquille. Utiliser de préférence des coquilles dures.

matériaux et fournitures

- Les coquilles de 5 œufs blancs et de 2 œufs bruns
- 3 petites boîtes en bois pour les tiroirs
- Planches pour les étagères (L 800 x l 90 x E 10 mm)
  * Couper le bois en fonction de la taille des tiroirs, et assembler les planches en forme de « L », voir schéma ci-contre.
- Colle à bois, pincettes
- Vernis à eau (brillant), pinceau

Les tiroirs devront mesurer 3 à 5 mm de moins que les espaces dans lesquels ils devront s'imbriquer. Voici un exemple de dimensions.

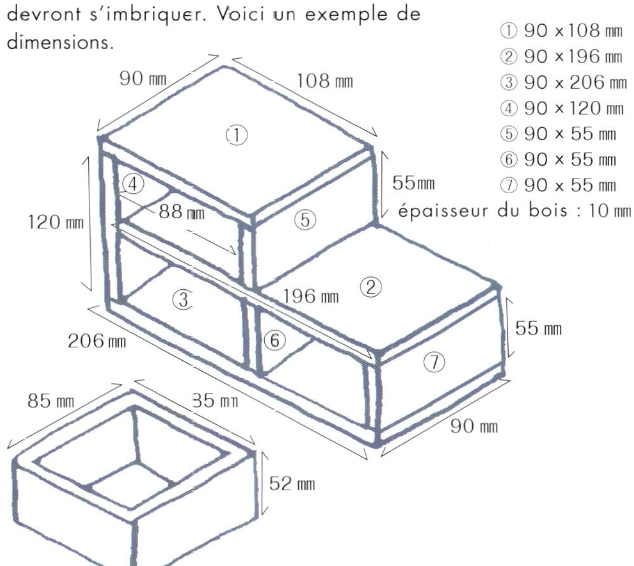

1

briser les coquilles et les coller

Commencer par les faces des tiroirs, en collant d'abord, ici et là, les coquilles blanches et les plus gros morceaux (de 1 à 2 cm) avec la colle à bois. Utiliser des pincettes pour plus de facilité.

Continuer avec des morceaux de taille moyenne, puis boucher les trous avec les plus petits. Laisser environ 1 à 2 mm entre chaque morceau de coquille.

Ajouter les coquilles brunes. En placer quelques-unes au moment de combler les espaces, tout en respectant l'équilibre du tout. On peut aussi les superposer pour un effet de relief.

ASTUCE

beaucoup de colle pour plus de solidité

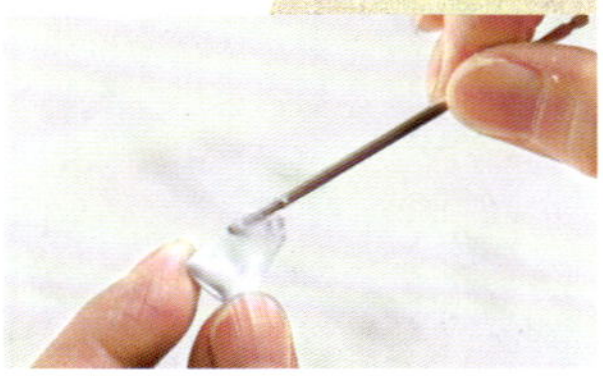

Les morceaux de coquilles sont souvent courbés et risquent de ne pas tenir s'il n'y a pas suffisamment de colle. Appliquer une couche généreuse de colle à l'aide d'un cure-dents et fixer fermement la coquille sur le bois.

2

vernir

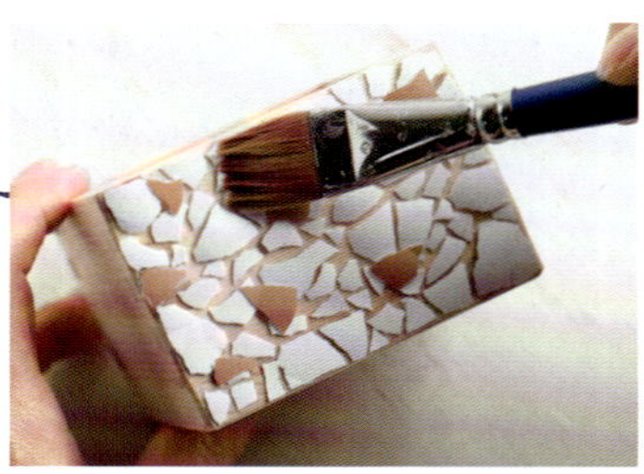

Une fois la colle sèche, vernir toute la surface. Passer 3 ou 4 couches sur les coquilles, pour une protection optimale.
Répéter les opérations de collage et de vernissage sur toutes les faces extérieures. Placer les tiroirs.

Et voilà !

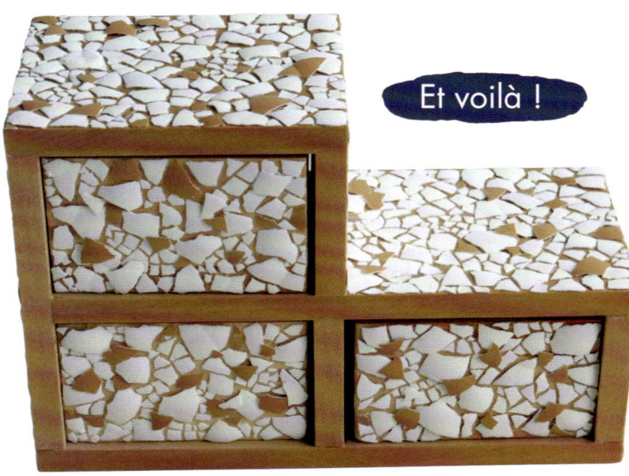

vases en coquilles d'œufs

Quelques objets pour mettre en valeur ces jolies formes rondes

matériaux et fournitures

- Les coquilles de 2 ou 3 œufs
- Peinture acrylique pour tôle peinte (voir p. 94, couleurs au choix. Ici, or, bronze et perle)
  ** coquetiers, terre et petites plantes
- Poinçon, pinceau

Et voilà !

1

Percer la coquille du coté pointu de l'œuf, en tournant doucement le poinçon.

2

Élargir le trou entamé en **1** avec le poinçon, jusqu'à obtenir un cercle d'un diamètre de 2 cm. Ouvrir le trou, et vider l'œuf.

3

Bien nettoyer l'intérieur de la coquille avec un détergent. Une fois sèche, vaporiser de l'alcoo désinfectant et laisser sécher.

4

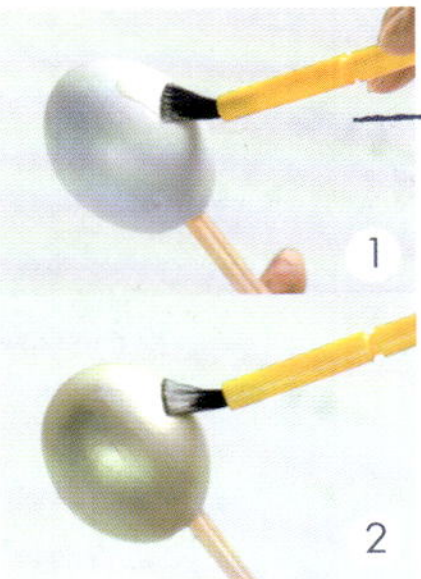

Peindre la coquille à l'acrylique. Passer 1 ou 2 couches de peinture pour un effet léger (1), et 3 ou 4 couches pour une texture opaque (2). Une fois sec, c'est terminé !

Faire sécher les coquilles sur les baguettes, pour éviter toutes traces de peinture ou casse.

chutes de tissu

plein d'autres idées !

Trop beau pour être jeté !

Plusieurs façons de réutiliser le tissu existent, celle que je préfère est celle qui consiste à le transformer en « tissu cartonné ». Diluer de la colle dans l'eau, l'appliquer sur le tissu et celui-ci prendra la texture du papier. On peut ensuite le plier facilement et le découper sans l'effilocher !

Le tissu

Choisir un tissu qui absorbe bien l'eau. Je vous conseille du coton ou du lin. Au début, il vaut mieux éviter les tissus trop fins (car ils se tordent et se froissent facilement).

Comment fabriquer du tissu cartonné

matériaux et fournitures

- Tissu de son choix (commencer sur des morceaux de 25 à 30 cm de long)
- Colle à bois
- Eau
- Pinceau à colle, baguettes, sac poubelle
- Récipient pour diluer

1 | diluer la colle dans l'eau

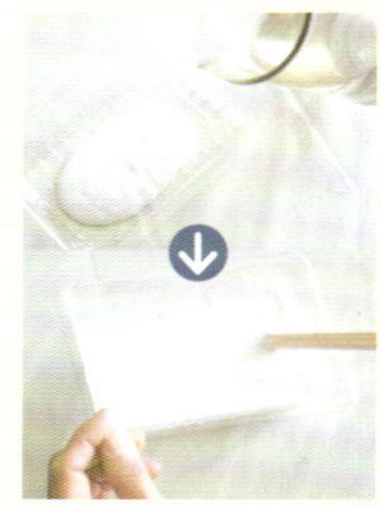

Verser la colle dans le récipient et la diluer en y versant de l'eau petit à petit pour éviter les grumeaux. Mettre environ 1 part d'eau pour 3 parts de colle (environ 40 g de colle pour un tissu de 30 cm de long).
Le mélange doit avoir une texture de yaourt à boire.

2 | appliquer la colle sur le tissu

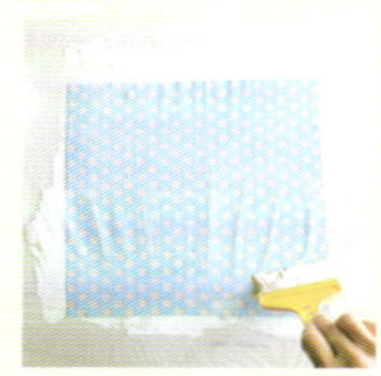

Recouvrir le plan de travail d'un sac poubelle pour éviter de le salir, puis étaler avec le pinceau le mélange sur le tissu. Commencer par les bords, puis recouvrir toute la surface jusqu'à ce que le tissu soit totalement imbibé et change de couleur.

3 | appliquer au dos puis faire sécher

Retourner le tissu sur l'envers afin de vérifier qu'il ne manque pas de colle. Si nécessaire, repasser une couche. Suspendre le tissu avec des pinces à linge et le faire sécher dans un endroit bien aéré.

4 | repasser

Le tissu cartonné se repasse comme un tissu classique. S'il est un peu froissé, il suffit de le repasser à température moyenne ou haute.

Enveloppes en tissu

Coller une étiquette sur ces enveloppes en tissu afin de pouvoir écrire l'adresse. Le papier adhère mal au tissu, utiliser de la colle pour le timbre et l'étiquette.

Étiquettes en tissu

Utilisez les chutes des tissus qui vous ont servi à réaliser les enveloppes pour faire des petites étiquettes. C'est ce que j'ai utilisé pour le cintre en bois de la p. 9.

Coupes en dentelle

On peut également donner cet effet cartonné à des ronds de dentelle. En les posant mouillés dans des moules à muffins et en les séchant au sèche-cheveux, on obtient des petites coupelles ! Faire une colle un peu plus épaisse que celle destinée aux tissus.

carton

J'utilise les jolies boîtes en carton telles quelles. Sur les grandes, je découpe les lettres et les symboles qui me plaisent et les garde en stock. J'en fais plus tard des décorations, des étiquettes, ou je les plie pour en faire un classeur. Les possibilités sont illimitées !

Voici ma boîte à filtres à café, que j'utilise depuis de nombreuses années, je l'adore !
La poignée est une lanière de cuir.

étiquettes de vêtements

Ces étiquettes me sont utiles lorsque je désire doter mes sacs ou T-shirts d'une petite touche d'originalité. Pensez à récupérer sur les vêtements non seulement les étiquettes où figure la taille mais aussi celles concernant les instructions de lavage.

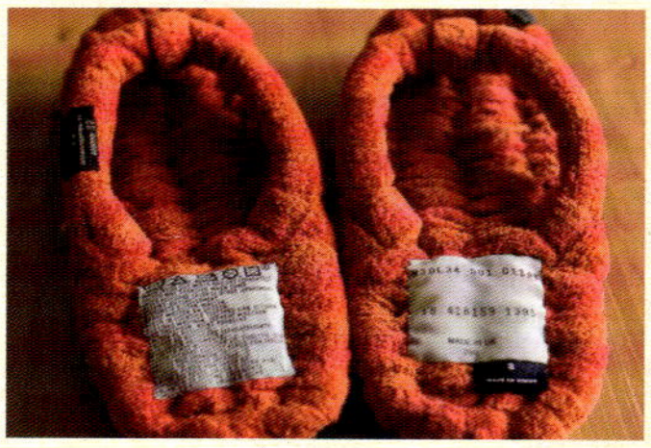

Ces *zori*, de couleur unie, semblent un peu tristes. Parées de quelques étiquettes, leur allure change tout de suite !

boutons - rubans

Trop beau pour être jeté !

Je ne peux pas m'empêcher, non plus, de garder les boutons des vêtements que je ne mets plus ou les rubans magnifiques qui décorent les boîtes de gâteaux. Je découpe les rubans en morceaux que je transforme en autocollants à l'aide de ruban adhésif double -face.

Petit sac réalisé dans des chutes de lin, décoré de rubans et de boutons de récup'.

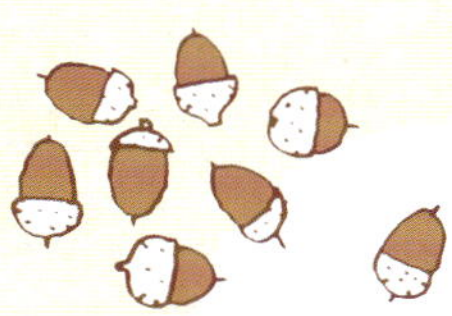

Une mini forêt sur mon balcon !

Pot expérimental

Tous ces trésors que j'ai amassés, récoltés en forêt, tous ces glands et fruits d'arbres qui me restent sur les bras, je ne les jette pas. Je les mets dans mon « pot expérimental », et j'attends. Vont-ils se mettre à pousser ? Ce pot-là n'avait pas bougé depuis six mois, et pourtant, au printemps, son contenu s'est mis à pousser vigoureusement ! J'ai en réalité 5 ou 6 pots de ce genre et ils me tiennent tous très à cœur. Je compte bien les garder ainsi le plus longtemps possible.

Petits outils indispensables

Je vous présente ici quelques outils et accessoires qui m'aident particulièrement dans mes créations.

couper

Concernant les ciseaux de tous les jours, inutile de se compliquer la vie. Mais pour les travaux manuels, je les choisis selon l'usage. Non seulement cela rend la découpe plus facile mais la différence se voit aussi au résultat.

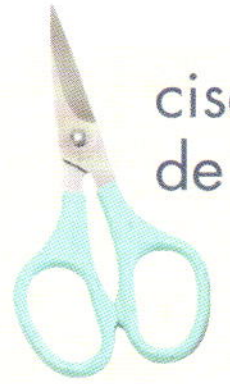

ciseaux de précision

Ses lames sont très fines et permettent de couper avec minutie jusqu'au bout. Pour tous les travaux de précision.

tenailles

Pour le jardinage. Pratique pour la cueillette des tiges grimpantes et la coupe des branches.

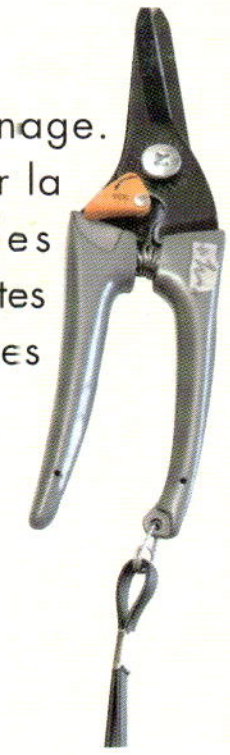

pince universelle

Pour couper les fils de fer et les métaux. Convient également pour les papiers durs et épais.

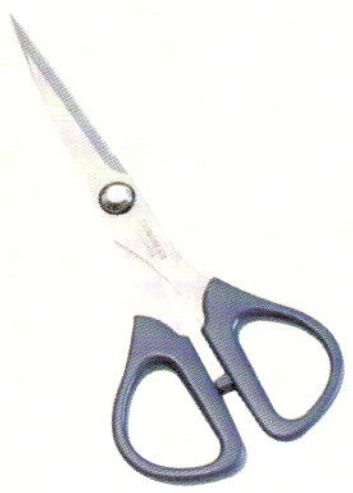

ciseaux de couture

En général pour la couture, mais aussi pour couper plusieurs couches de tissu ensemble ou du papier épais.

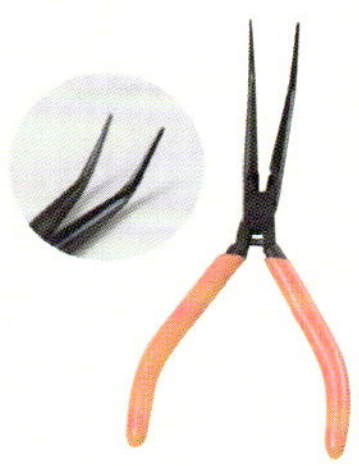

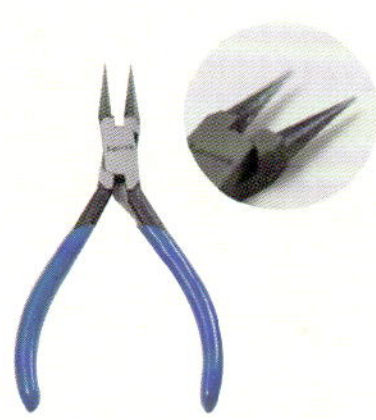

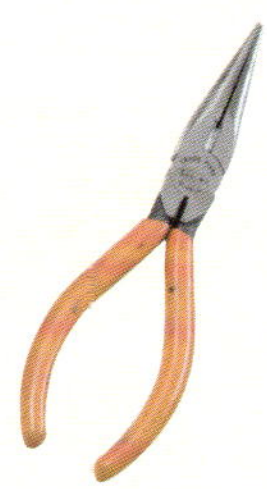

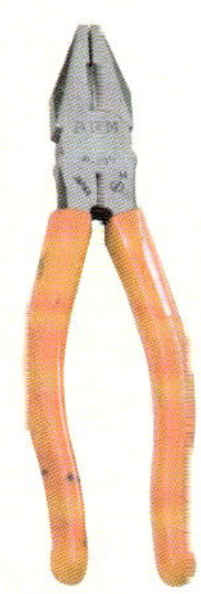

pincer - tenir

Qu'il s'agisse de tenir, courber ou couper, j'utilise différentes pinces selon la taille et l'épaisseur du matériau à manipuler et la précision requise. S'il faut en choisir une parmi elles, je recommande la pince à long bec.

pincette à long bec

Ses pinces sont très longues et fines. Pratique dans les manipulations où l'on se retrouve à l'étroit.

pince à bec arrondi

Ses pointes sont arrondies et fines. Pour tordre des fils de fer fins.

pince à long bec

Ses pointes sont plus fines que celles d'une pince ordinaire et la rendent pratique pour les travaux de précision. Pour les fils d'aluminium.

pince

Pour les fils de fer durs comme ceux des cintres, par exemple.

percer - visser

Perceuse et forets sont indispensables pour percer ou visser sur bois, branches et métaux. Plutôt que de tout acheter séparément, je choisis des forets adaptables aux 2 types de perceuses et les change selon mes besoins.

perceuse électrique

Rapide et ne nécessite pas de force.

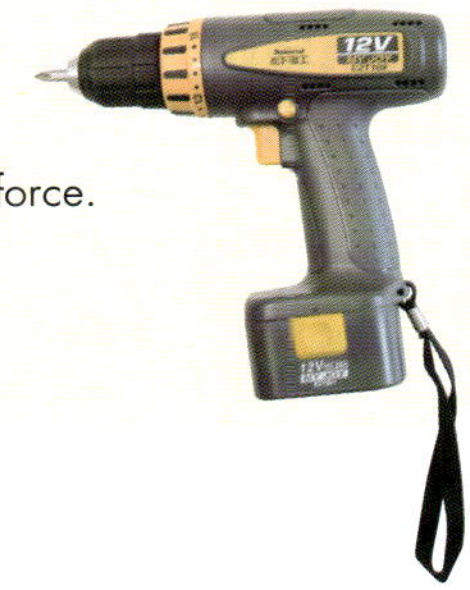

forets

Pour utiliser avec la perceuse ou le foret à main. Facilement interchangeable.

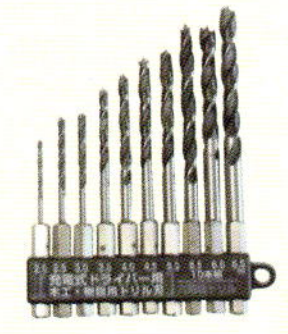

forets à main

Pour les travaux de précision, comme percer des branches par exemple.

mesurer

Pour toute création, il est indispensable de respecter les angles, les dimensions et de couper sur les tracés. En plus de la règle et du mètre-ruban traditionnels, j'utilise également les outils suivants.

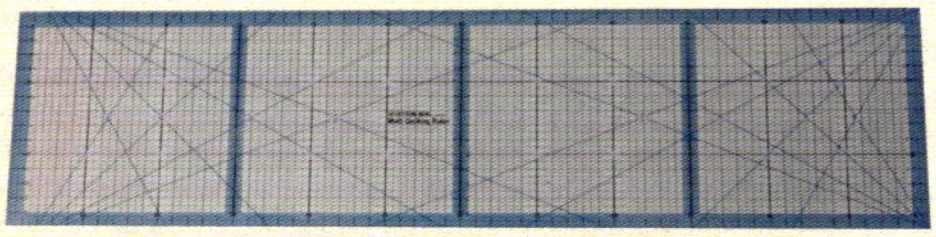

tapis de découpe

Ce tapis de découpe est gradué sur toute sa surface. Il permet de tracer angles droits, à 45°, lignes parallèles, etc. On peut l'utiliser pour le tissu et les autres matériaux.

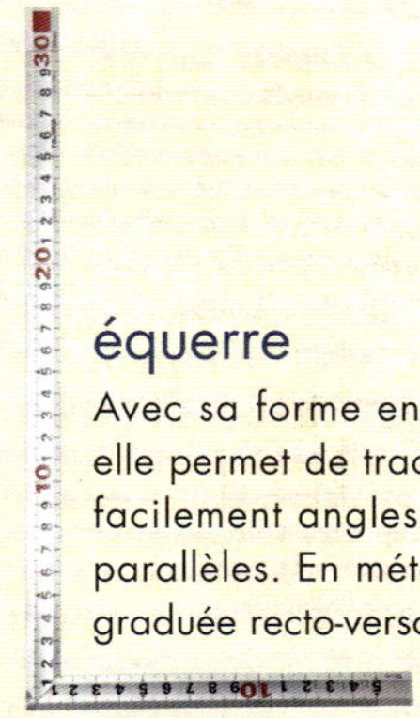

équerre

Avec sa forme en L, elle permet de tracer facilement angles et parallèles. En métal, graduée recto-verso.

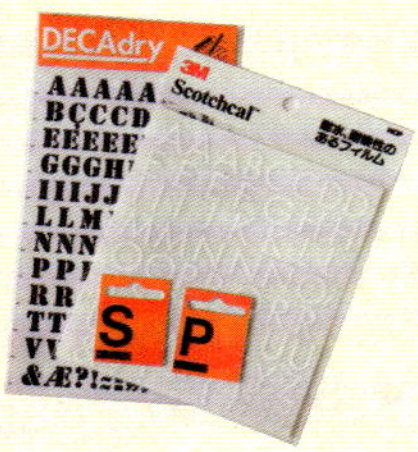

lettres en décalcomanies et autocollants

Ma marque préférée est Scotchcal, que l'on décolle en frottant le film.

lettres en bois

Disponibles en diverses polices et tailles.
À utiliser à souhait.

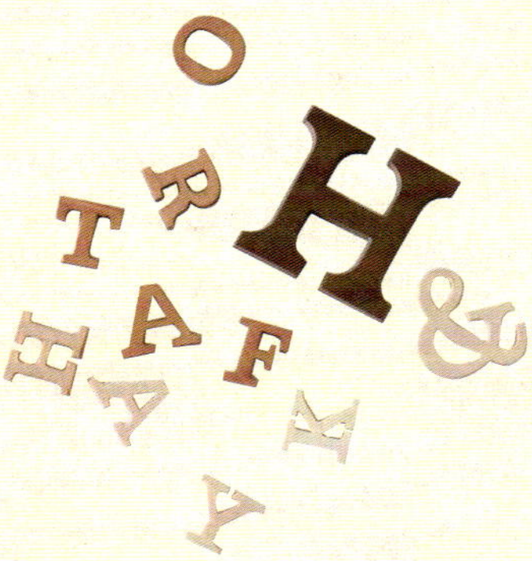

décorer

J'aime les lettres qui donnent, à mon sens, un look design aux créations, alors j'en utilise souvent. On peut les placer à sa guise et utiliser le matériau que l'on veut. Attention cependant à choisir des lettres autocollantes imperméables si elles sont destinées à l'extérieur.

peindre - vernir

Pour la peinture, je recommande celles à base d'eau. En particulier, les peintures acryliques pour tôle peinte qui ont un beau rendu et sont faciles à utiliser. De plus, les bouteilles contiennent environ 60 ml et sont très compactes. Pour le vernis, je préconise également le vernis à l'eau.

ruban adhésif

Pour masquer les endroits à ne pas peindre, pour maintenir ou décorer (rubans déco).

vernis à eau

Imperméabilise les surfaces et les rend plus résistantes.

acrylique pour tôle peinte

Elle devient imperméable en séchant. Couleurs vives et prix raisonnable.

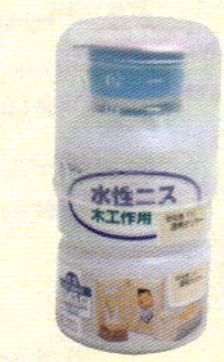

SHOP

Quelques petites astuces sur
où et comment acheter quoi

Différents produits d'une enseigne à l'autre

On a tendance à toujours se rendre dans les mêmes magasins mais, d'une chaîne à l'autre, voire d'un magasin à l'autre, on en trouve qui sont plus spécialisés dans le jardinage, d'autres qui ont plus de modèles de pièces détachées... à chacun son domaine de prédilection. Visitez les différents magasins près de chez vous et, une fois que vous en avez saisi les particularités, vous pourrez faire vos achats plus efficacement.

Choisir en fonction du « TPC »

Le « TPC » : time, place & cost. Si vous n'avez que peu de temps, choisissez un magasin qui réunit tous vos besoins. Si vous devez vous restreindre à un quartier défini, fouillez-en toutes les boutiques. Si vous faites attention aux prix, choisissez des magasins offrant des articles à bas prix. Voilà une stratégie simple mais efficace pour faire ses courses.

Les magasins d'accessoires

Il y a de plus en plus de magasins où l'on trouve des matériaux faits main, que ce soit dans le vêtement, la déco ou la papeterie. Des accessoires en métal aux articles pour travaux manuels, on trouve beaucoup de choses originales et on peut même dénicher des trésors que l'on ne trouve pas en magasins spécialisés. Ne pas oublier également les magasins en ligne.

Cherchez les connaisseurs !

Anciens bricoleurs, connaisseurs en matière de fournisseurs, fabricants de costumes de théâtre... il n'est pas rare de tomber sur des vendeurs qui sont de vrais dictionnaires vivants. Alors n'hésitons pas à les solliciter : ils pourront être à l'avenir de précieux alliés.

Équipe

Direction artistique : Hiroyuki Ishikura
Design : Kayo Koike (regia)
Photographies : Mayumi Abe, Harumi Kageyama
Illustrations : Hiroyuki Ishikura
Correction : Hakuhosya
Rédaction : Masahiko Sato (NHK publishing)

les éditions de saxe
13, rue Jules Verne
CS 40205 - 69630 Chaponost
www.edisaxe.com

La déco récup'
Matériaux naturels & recyclés

Sampo de Kurashi de ECO NA TEZUKURI-ZAKKA

Publié pour la première fois au Japon en 2010
par NHK Publishing, Inc.
Traduction française en accord avec NHK Publishing, Inc.,
par l'intermédiaire de Tuttle-Mori Agency, Inc.
Traduction : Laetitia Busseuil

ISBN : 978-2-7565-0924-2
Imprimé en Chine - Dépôt légal : à parution